Parcerias na Saúde
*Reflexões sobre a
Emenda Constitucional nº 51/2006
e a Lei Federal nº 11.350/2006*

Gustavo Justino de Oliveira
Fernando Borges Mânica

Parcerias na Saúde
*Reflexões sobre a
Emenda Constitucional nº 51/2006
e a Lei Federal nº 11.350/2006*

Belo Horizonte

Editora Fórum

2009

© 2009 Editora Fórum Ltda.

É proibida a reprodução total ou parcial desta obra, por qualquer meio eletrônico, inclusive por processos xerográficos, sem autorização expressa do Editor.

Editora Fórum Ltda.
Av. Afonso Pena, 2770 – 15º/16º andar
Funcionários – CEP 30130-007
Belo Horizonte – Minas Gerais
Tel.: (31) 2121.4900 / 2121.4949
www.editoraforum.com.br
editoraforum@editoraforum.com.br

Editor responsável: Luís Cláudio Rodrigues Ferreira
Coordenação editorial: Olga M. A. Sousa
Revisão: Marcelo Belico
Bibliotecária: Paloma Fernandes Figueiredo – CRB 2932 – 6ª Região
Capa, projeto gráfico e formatação: Walter Santos

O482p   Oliveira, Gustavo Justino de

　　　　Parcerias na saúde: reflexões sobre a Emenda Constitucional n° 51/2006 e a Lei Federal n° 11.350/2006 / Gustavo Justino de Oliveira, Fernando Borges Mânica. Belo Horizonte: Fórum, 2009.

　　　　89 p.
　　　　ISBN 978-85-7700-204-7

　　　　1. Direito à saúde. 2. Saúde Pública (parcerias). 3. Emenda Constitucional n° 51/2006. 4. Lei Federal n° 11.350/2006. 5. Agente comunitário de saúde. 5. Agente de combate às endemias. I. Mânica, Fernando Borges. II. Título.

　　　　　　　　　　　　　　　　　　　　　　　　　　　CDD: 341.2
　　　　　　　　　　　　　　　　　　　　　　　　　　　CDU: 342

Informação bibliográfica deste livro, conforme a NBR 6023:2002 da Associação Brasileira de Normas Técnicas (ABNT):

OLIVEIRA, Gustavo Justino de; MÂNICA, Fernando Borges. *Parcerias na saúde*: reflexões sobre a Emenda Constitucional n° 51/2006 e a Lei Federal n° 11.350/2006. Belo Horizonte: Fórum, 2009. 89 p. ISBN 978-85-7700-204-7.

*Para a advogada paranaense
Ana Carolina Hohmann,
pela realização do primoroso
trabalho de pesquisa e de coleta
de dados, indispensáveis à
conclusão desta obra.*

Sumário

Apresentação 9

Capítulo 1
A possibilidade da participação de entidades privadas no SUS e a interpretação da EC nº 51/06 11
1.1 O momento da interpretação gramatical ou literal momento da interpretação gramatical 12
1.2 O momento da interpretação sistemática 16
1.3 O momento da interpretação teleológica 23

Capítulo 2
Regulamentação das atividades de agente comunitário de saúde e de agente de combate às endemias 27
2.1 As bases jurídico-normativas do SUS e as hipóteses de participação privada na realização de ações e prestação de serviços públicos de saúde 28
2.2 O histórico legislativo referente à Lei Federal nº 11.350/06, de 5 de outubro de 2006 34
2.3 A possibilidade de celebração de parcerias entre os Municípios e as entidades privadas sem fins lucrativos, para a implementação dos programas Saúde da Família e Agentes Comunitários de Saúde 36
2.4 Inconstitucionalidade dos artigos 2º e 16 da Lei Federal nº 11.350/06 41
2.4.1 Medidas judiciais a serem tomadas, visando provocar a declaração de inconstitucionalidade dos artigos 2º e 16 da Lei Federal nº 11.350/06 55
2.5 Constitucionalidade dos projetos de lei nº 7.495/06 e nº 298/07, que pretendem modificar parcialmente a Lei Federal nº 11.350/06 57
2.5.1 O Projeto de Lei nº 7.495/06, do Senado Federal 57
2.5.2 O Projeto de Lei nº 298/07, da Câmara dos Deputados 59
2.5.3 Perspectivas da nova tutela das atividades de Agente Comunitário de Saúde e de Agente de Combate às Endemias, propostas nos projetos de lei nº 7.495/06 e nº 289/07 60

Conclusões 63

Referências 65

ANEXOS

ANEXO A   Emenda Constitucional nº 51, de 14 de fevereiro de 2006 69
ANEXO B   Lei nº 11.350, de 5 de outubro de 2006 71
ANEXO C   Exposição de Motivos da Medida Provisória nº 297, de 09.06.06
           – EM Interministerial nº 00018/MS/MP 75
ANEXO D   Lei nº 10.507, de 10 de julho de 2002 (*revogada totalmente
           pela Lei Federal nº 11.350, de 05.10.06*) 79
ANEXO E   Projeto de Lei nº 7.495/06, do Senado Federal 81
ANEXO F   Projeto de Lei nº 298/07, da Câmara dos Deputados 85

Índice 89

Apresentação

O Programa de Agentes Comunitários de Saúde (PACS) e o Programa Saúde da Família (PSF), desde suas origens em 1991 e 1994, representam importante avanço no serviço de saúde pública brasileira, com base na prevenção de doenças e na proximidade entre o agente público e a comunidade atendida. Trata-se de um modelo de assistência à família, baseado em experiências de países desenvolvidos, inicialmente adotada em algumas regiões do Brasil e expandido para todo o território nacional, que deixou de configurar mera política de governo para ter sua institucionalização expressa a partir da Constituição de 1988.

A Emenda nº 51, de 14 de fevereiro de 2006, incluiu no Texto Constitucional a hipótese de contratação de agentes comunitários de saúde e de agentes de combate às endemias por meio de procedimento diverso do concurso público: o processo seletivo público. Na mesma esteira, a Lei Federal nº 11.350, de 5 de outubro de 2006, regulamentou a inovação constitucional, disciplinando o exercício das atividades dos referidos agentes públicos.

Ocorre que, tanto a Emenda nº 51/2006 quanto a Lei nº 11.350/2006, devem obediência ao ordenamento constitucional. A interpretação da Emenda nº 51/06 e da Lei nº 11.350/06 à luz da Constituição de 1988, com apontamento de eventuais inconstitucionalidades, é a tarefa enfrentada no trabalho que segue.

O PACS e o PSF são marcas de um processo de consolidação do direito à saúde, no qual a proximidade com a comunidade atendida e a mobilização social denotam um novo papel do Estado, o qual demanda a participação da sociedade civil na prestação do serviço público de saúde.

A interpretação da Emenda Constitucional nº 51/06 e da Lei Federal nº 11.350/06 implica a análise de todo ordenamento constitucional que disciplina a saúde pública, e demanda que sejam vencidas algumas resistências ideológicas e sem amparo constitucional que acabam por atravancar a tutela e a efetivação do direito à saúde. A possibilidade de celebração de parcerias com entidades do Terceiro Setor para a implementação do PACS e do PSF depende, pois, de uma leitura atenta e contextualizada de todo o ordenamento estruturante da saúde pública no Brasil. Esse é o desafio do presente trabalho.

Para tanto, serão enfrentadas as seguintes questões: a) alterações trazidas pela Emenda Constitucional nº 51/06 e pela Lei nº 11.350/06; b) constitucionalidade e legalidade de contratação de agentes comunitários de saúde e de combate às endemias por meio de parcerias com entidades privadas sem fins lucrativos; c) regime jurídico aplicável às parcerias no setor público de saúde, em especial no que se refere ao Programa Saúde da Família; e d) constitucionalidade e legalidade do Projeto de Lei nº 7.495/06 e do Projeto de Lei nº 298/07, os quais sinalizam para novas alterações legislativas, pois versam sobre mudanças na atual disciplina jurídico-normativa da contratação de agentes comunitários de saúde.

Capítulo 1

A possibilidade da participação de entidades privadas no SUS e a interpretação da EC nº 51/06

Sumário: **1.1** O momento da interpretação gramatical ou literal - **1.2** O momento da interpretação sistemática - **1.3** O momento da interpretação teleológica

A Emenda Constitucional nº 51, de 14 de fevereiro de 2006 — doravante EC nº 51/06 — inovou a disciplina jurídico-constitucional das ações e serviços de saúde originalmente prevista na Constituição da República, ao prever a possibilidade de admissão de agentes comunitários de saúde e de agentes de combate às endemias, pelos gestores locais do sistema único de saúde, por meio de processo seletivo público.

Não obstante, ao contrário do que vem sendo defendido atualmente, a mencionada inovação constitucional não estabelece quaisquer restrições à participação privada na realização de ações e na prestação de serviços públicos de saúde em caráter complementar ao Estado.[1]

---

[1] Sobre a distinção entre *ações públicas de saúde*, de caráter restrito e pontual, e *serviços públicos de saúde*, de viés contínuo, conferir: MÂNICA, Fernando Borges. *Participação privada na prestação de serviços públicos de saúde*. 2009. 306 p. Tese (Doutorado) – Curso de Pós-Graduação em Direito, Universidade de São Paulo, São Paulo, 2009. p. 135-138.

Com efeito, o que realmente preceitua a EC nº 51/06 é que os agentes comunitários de saúde e os agentes de combate às endemias, *quando* contratados pelo Poder Público, deverão sê-lo por meio de processo seletivo público. Além disso, a nova redação constitucional prevê a edição de lei federal para disciplinar o regime jurídico e estabelecer a regulamentação das atividades referidas.

Ao tratar do regime jurídico e da regulamentação das atividades dos agentes comunitários de saúde e dos agentes de combate às endemias, a lei ordinária a que faz referência a EC nº 51/06 deve observar e atender integralmente aos ditames da Constituição de 1988 que disciplinam as ações e os serviços públicos de saúde, sob pena de inconstitucionalidade.

1.1 O momento da interpretação gramatical ou literal momento da interpretação gramatical

A primeira aproximação para empreender um adequado enquadramento interpretativo dos preceitos advindos da EC nº 51/06 há de levar em conta a literalidade do texto elaborado pelo legislador constitucional derivado.

De um lado, interpretar uma regra constitucional consiste em atribuir significado a um ou vários símbolos lingüísticos escritos na Constituição, com o fim de se obter possíveis e adequadas soluções para determinada problemática; de outro, cumpre ressaltar que o exercício interpretativo jamais pode descaracterizar a regra constitucional, extirpando-a de seu sentido denotativo e extraindo dela significados que ultrapassam a sua letra.

A idéia de limite à atividade interpretativa nas palavras postas no texto normativo constitucional é ressaltada por Canotilho, segundo o qual "a interpretação é uma actividade normativamente vinculada, constituindo a *constitutio scripta* um limite inelimínável (Hesse) que não admite o sacrifício da primazia da norma em prol do problema (F. Müller)".[2]

---

[2] CANOTILHO. *Direito constitucional e teoria da Constituição*, p. 1175-1176.

No mesmo diapasão, Luís Roberto Barroso sustenta ser a interpretação gramatical o momento inicial do processo interpretativo, o substrato em que deve repousar o intérprete. Segundo o autor:

(...) a mesma linguagem que confere abertura ao intérprete há de se figurar como limite máximo de sua atividade criadora. As palavras têm sentidos mínimos que devem ser respeitados, sob o risco de se perverter o seu papel de transmissoras de idéias e significados. É a interpretação gramatical ou literal que delimita o espaço dentro do qual o intérprete vai operar, embora isso possa significar zonas hermenêuticas muito extensas.[3]

Miguel Reale também é categórico ao afirmar que o primeiro dever do intérprete é analisar o dispositivo legal para obter seu pleno valor expressional. Para o autor, o operador jurídico deve partir da gramática para chegar à rigorosa e exata conotação da norma legal. Segundo Reale, "a lei é uma realidade morfológica e sintática que deve ser, por conseguinte, estudada do ponto de vista gramatical. (...) Toda lei tem um significado e um alcance que não são dados pelo arbítrio imaginoso do intérprete, mas são, ao contrário, revelados pelo exame imparcial do texto".[4]

Logo, a interpretação literal de uma regra jurídica deve ser, tanto a base a partir da qual o intérprete constrói esta regra, quanto o limite ao seu exercício interpretativo, impedindo compreensões diferentes daquelas constantes na redação do texto legal.

No caso sob investigação, o art. 1º da EC nº 51/06, acrescentou os parágrafos 4º, 5º e 6º ao art. 198 da Constituição da República, assim redigidos:

Art. 198. (...)
§4º Os gestores do sistema único de saúde poderão admitir agentes comunitários de saúde e agentes de combate às endemias por meio de processo seletivo público, de acordo com *a natureza e*

---

[3] BARROSO. *Interpretação e aplicação da Constituição*: fundamentos de uma dogmática constitucional transformadora, p. 130.
[4] REALE. *Lições preliminares de direito*, p. 275.

complexidade de suas atribuições e requisitos específicos para sua atuação.

§5º Lei federal disporá sobre o regime jurídico e a regulamentação das atividades de agente comunitário de saúde e agente de combate às endemias.

§6º Além das hipóteses previstas no §1º do art. 41 e no §4º do art. 169 da Constituição Federal, o servidor que exerça funções equivalentes às de agente comunitário de saúde e agente de combate às endemias poderá perder o cargo em caso de descumprimento dos requisitos específicos, fixados em lei, para o seu exercício.

Além disso, o art. 2º da EC nº 51/06, sem promover alteração no texto constitucional, dispõe que:

> Art. 2º. Após a promulgação da presente Emenda Constitucional, os agentes comunitários de saúde e os agentes de combate às endemias somente poderão ser contratados diretamente pelos Estados, pelo Distrito Federal ou pelos Municípios na forma do §4º do art. 198 da Constituição Federal, observado o limite de gasto estabelecido na Lei Complementar de que trata o art. 169 da Constituição Federal.
>
> Parágrafo único. Os profissionais que, na data de promulgação desta Emenda e a qualquer título, desempenharem as atividades de agente comunitário de saúde ou de agente de combate às endemias, na forma da lei, ficam dispensados de se submeter ao processo seletivo público a que se refere o §4º do art. 198 da Constituição Federal, desde que tenham sido contratados a partir de anterior processo de Seleção Pública efetuado por órgãos ou entes da administração direta ou indireta de Estado, Distrito Federal ou Município ou por outras instituições com a efetiva supervisão e autorização da administração direta dos entes da federação.

Em primeiro lugar, da interpretação do novo preceito constitucional, correspondente ao §4º do art. 198 da Constituição de 1988, decorre expressamente que a admissão de agentes comunitários de saúde e de agentes de combate às endemias, pelos gestores locais do sistema único de saúde, não constitui um dever. Trata-se de uma competência discricionária, atribuída pelo Texto Constitucional, aos gestores locais do sistema único de saúde.

Assim, a admissão dos mencionados agentes de saúde, por meio da realização de um processo seletivo público, configura uma escolha discricionária do gestor local do Sistema Único de Saúde (SUS). Não há no dispositivo constitucional ora examinado qualquer determinação de que seja o gestor local compelido ou obrigado a integrar, em seu quadro próprio de servidores, essa categoria de profissionais. Se não por outro motivo, cumpre esclarecer que tal imposição não teria fundamento constitucional, pois a organização e o regime jurídico dos servidores públicos de um determinado ente federativo é de competência única e exclusiva de cada ente federativo.

De outro lado, nos termos do art. 2º da EC nº 51/06, a contratação direta dos agentes comunitários de saúde e dos agentes de combate às endemias apenas pode ocorrer nos termos do §4º do art. 198 da CF/88, ou seja, por meio de processo seletivo público.

Saliente-se que não consta do Texto Constitucional determinação de que a contratação dos referidos agentes *deve* ocorrer, sempre e necessariamente, pelo Poder Público. Consta unicamente que, *nos casos de contratação pelo Poder Público*, deve ser promovido o processo seletivo público. Assim, não resta outra interpretação, senão a de que: (i) é possível a contratação direta dos agentes referidos pelo Poder Público, sempre por processo seletivo público; e (ii) é possível a contratação de tais agentes por entidades privadas — preferencialmente não lucrativas — que eventualmente celebrem parceria com o Poder Público.

Essa ressalva é importante e, como assinalado acima, deve servir como base e limite para a interpretação do dispositivo sob comento. A literalidade do preceito constitucional esculpido pelo constituinte derivado, na hipótese ora tratada, possui extrema relevância e, como se verá, revela aspectos voltados a detectar a própria validade da norma.

Equivocada é a interpretação segundo a qual, por meio da EC nº 51/06, a contratação dos agentes comunitários de saúde e dos agentes de combate às endemias poderia ser válida se, e unicamente se, fosse realizada diretamente pelos gestores do Sistema Único de Saúde. Se esse fosse a finalidade do preceito constitucional ora focado, sua redação certamente seria diversa:

Art. 2º. Após a promulgação da presente Emenda Constitucional, os agentes comunitários de saúde e os agentes de combate às endemias somente poderão ser contratados diretamente pelos

Estados, pelo Distrito Federal ou pelos Municípios[,] na forma do §4º do art. 198 da Constituição Federal, observado o limite de gasto estabelecido na Lei Complementar de que trata o art. 169 da Constituição Federal.

Como é possível notar, a aposição de um símbolo de pontuação [,] após o vocábulo *Municípios* altera o significado literal do enunciado, de modo que o dispositivo acima aludido determinaria, desse modo, a possibilidade exclusiva de contratação direta dos agentes comunitários de saúde e dos agentes de combate às endemias. Não obstante, tal redação — por contrariar toda a organização do sistema único de saúde — não foi a adotada pelo texto constitucional.

Por fim, ainda sob a ótica da interpretação literal da EC nº 51/06, o parágrafo único do art. 2º da EC nº 51/06 reconhece a validade da contratação dos agentes comunitários e agentes de combate às endemias, realizadas por seleção pública realizada por instituições privadas, desde que supervisionadas pelo Poder Público.

1.2 O momento da interpretação sistemática

Como assinalado, não se pode dotar os termos legais de uma significação que não lhes corresponde, pois a elasticidade das regras jurídicas é limitada.

O intérprete deve ater-se ao texto posto pela norma, analisando-o dentro da estrutura em que esta se insere. Isso significa realizar uma interpretação literal e, ao mesmo tempo, sistêmica, buscando elucidar o contexto significativo do texto legal.

Portanto, a segunda etapa da interpretação constitucional dos preceitos ora enfocados deve, com efeito, ter por referência a integralidade do sistema constitucional em que se inserem as regras constitucionais veiculadas pela EC nº 51/06.

A concepção de interpretação sistemática surge da percepção de unidade do ordenamento jurídico, que tem embutida em si uma racionalidade ordenadora de todas as suas disposições. Daí denota-se que a norma jurídica não pode ser compreendida enquanto axioma isolado, que encontra sentido em si próprio. Pelo contrário, ela deve ser lida e aplicada dentro de um sistema, entendido como a própria a ordem jurídica; e nesse sistema, deve encontrar o seu significado.

A percepção da Constituição da República enquanto sistema, dotado de unidade e de coordenação, foi ressaltada por Eros Grau, segundo o qual, "não se interpreta a Constituição em tiras, aos pedaços".[5]

Importante ressaltar que a interpretação sistemática pode ser vista sob dois aspectos: (i) o da interpretação das diversas normas infraconstitucionais em face do texto constitucional; e (ii) o da interpretação dos múltiplos dispositivos do texto constitucional, isoladamente, ante o todo, que é a Constituição da República.

Na primeira acepção aludida, a Constituição é percebida como o topo do ordenamento jurídico, em relação à qual as demais normas estão submetidas, e da qual não podem divergir. De acordo com a segunda acepção, diretamente aplicável ao caso em tela, as diversas regras constitucionais operam dentro de um sistema — a Constituição como um todo — dotado de uma racionalidade única, que incide sobre todos os seus dispositivos.

Nesse sentido, fala-se em *princípio da unidade da constituição*, segundo o qual, a constituição deve ser interpretada ante a idéia de que se trata de um todo uno, buscando-se evitar contradições ou antinomias.

Ao tratar do tema, Canotilho assevera: "Daí que o intérprete deva sempre considerar as normas constitucionais não como normas isoladas e dispersas, mas sim como preceitos integrados num sistema unitário de normas e princípios".[6]

Paulo Bonavides explicita a necessidade de as disposições constitucionais serem compreendidas ante uma realidade sistêmica,

---

[5] GRAU. *A ordem econômica na Constituição de 1988*: interpretação e crítica, p. 145. Do autor, cf., igualmente, *Ensaio e discurso sobre a interpretação/aplicação do direito*.
[6] CANOTILHO. *Direito constitucional e teoria da Constituição*, p. 1186-1187. Nesse sentido, é a "proibição de interpretação isolada" desenvolvida por SILVA. Interpretação constitucional e sincretismo metodológico. In: SILVA (Org.). *Interpretação constitucional*, p. 125-126.

que atribuirá à norma o seu adequado significado. Afirma o autor que "a interpretação começa naturalmente onde se concebe a norma como parte de um sistema — a ordem jurídica como um todo ou unidade objetiva, única a emprestar-lhe o verdadeiro sentido, impossível de obter-se se a considerássemos insulada, individualizada, fora, portanto, do contexto das leis e das conexões lógicas do sistema".[7]

Luís Roberto Barroso, ao analisar o tema, compreende ser necessária a análise dos dispositivos constitucionais dentro da estrutura do todo, que é a Constituição:

> Uma norma constitucional, vista isoladamente, pode fazer pouco sentido ou mesmo estar em contradição com outra. Não é possível compreender integralmente alguma coisa — seja um texto legal, uma história ou uma composição — sem entender suas partes, assim como não é possível entender as partes de alguma coisa sem a compreensão do todo. (...) *Mesmo as regras que regem situações específicas, particulares, devem ser interpretadas de forma que não se choquem com o plano geral da Carta.*[8] (grifos nossos)

Paralelamente à defesa que faz do antes referido método interpretativo literal, Miguel Reale reconhece importância ao método sistemático, ante a compreensão de que nenhum dispositivo está separado dos demais. Segundo o autor, "é preciso, pois, interpretar as leis segundo seus valores lingüísticos, mas sempre situando-as no conjunto do sistema".[9] A essa tarefa de contextualizar sistematicamente a norma sem desconsiderar sua acepção literal, o autor denomina interpretação lógico-sistemática.

No presente caso, o sistema em questão é, especificamente, o sistema normativo constitucional que disciplina o direito fundamental à saúde. Esse sistema, por sua vez, é dotado de uma racionalidade própria e autônoma, que incide diretamente sobre

---

[7] BONAVIDES. *Curso de direito constitucional*, p. 445.
[8] BARROSO. *Interpretação e aplicação da Constituição*: fundamentos de uma dogmática constitucional transformadora, p. 136-137.
[9] REALE. *Lições preliminares de direito*, p. 275.

a interpretação dos preceitos constitucionais da EC nº 51/06 ora em foco.

As constatações aqui aduzidas significam que os preceitos da EC nº 51/06, uma vez inseridos no Texto Constitucional pela via derivada, jamais podem ser analisados autonomamente, posto que autônomos não são.

Existe um Texto Constitucional, o qual precede a existência da EC nº 51/06. Logo, é em face desse anterior arcabouço normativo-constitucional que deverá ser feita a sua leitura. A conseqüente atividade interpretativa deve conceber a norma enquanto parte de um sistema, qual seja, a ordem jurídica como um todo. E é dentro dessa ordem jurídica, una, compacta, que a regra constitucional há de encontrar o seu significado. É inviável e ilógico buscar-se o sentido da norma isoladamente, individualizada, distante do sistema em que está inserida.

Por isso defende-se o princípio interpretativo da justeza ou da conformidade constitucional. Nos termos desse princípio, o órgão encarregado da interpretação da regra constitucional não pode chegar a um resultado que subverta ou perturbe o esquema organizatório-funcional constitucionalmente estabelecido (Ehmke).[10]

No presente caso, como já assinalado, o art. 2º da EC nº 51/06 não impõe aos Municípios, Estados ou ao Distrito Federal a contratação dos agentes comunitários de saúde e de Combate às Endemias, de forma direta. Tal preceito constitucional apenas determina que, *em sendo realizada a contratação desses profissionais diretamente pelo ente da Administração Pública*, essa contratação deverá seguir o procedimento definido no §4º do art. 198 da Constituição da República, qual seja, a realização de processo seletivo público.

Interpretação diversa representaria afronta aos demais dispositivos constitucionais concernentes à saúde, que permitem expressamente a participação de entidades privadas junto ao Sistema Único de Saúde (SUS).

Ao tratar da Ordem Social, a Constituição da República destina uma seção inteira à saúde, reafirmando-a como direito fundamental no art. 196, *in verbis*:

---

[10] CANOTILHO. *Direito constitucional e teoria da Constituição*, p. 1188.

Art. 196. A saúde é direito de todos e dever do Estado, garantido mediante políticas sociais e econômicas que visem à redução do risco de doença e de outros agravos e ao acesso universal e igualitário às ações e serviços para sua promoção, proteção e recuperação.

O dispositivo legal transcrito, além de consolidar a concepção de que a saúde é direito de todos os cidadãos, impõe ao Estado o dever de assegurar sua efetivação, o que faz por meio de políticas sociais e econômicas. Compete, pois, ao Poder Público organizar e garantir a promoção do direito à saúde.

Por seu turno, o art. 197 do Diploma Constitucional aprofunda-se na matéria, tratando especificamente da execução de ações e serviços de saúde. Seu texto é claro e inequívoco quanto à possibilidade de participação de entes privados em ações e serviços públicos de saúde:

Art. 197. São de relevância pública as ações e serviços de saúde, cabendo ao poder público dispor, nos termos da lei, sobre sua regulamentação, fiscalização e controle, devendo sua execução ser feita diretamente ou através de terceiros e, também, por pessoa física ou jurídica de direito privado.

Atente-se ainda para o fato de que a Constituição de 1988 afirma que as ações e os serviços de saúde têm *relevância pública*,[11] daí decorrendo o dever estatal de regulamentar e de fiscalizar tais prestações, sejam elas executadas: (i) diretamente pelo Estado ou através de terceiros, sob a responsabilidade do Estado (ações e serviços públicos); ou (ii) diretamente por terceiros

---

[11] Segundo Floriano de Azevedo Marques Neto, "esta relevância pública — que dá ao direito à saúde um peso e uma densidade superior aos outros direitos — decorre do fato de que, ao par de ser a saúde consagrada como direito social ao lume do art. 6º, *caput*, da Constituição, é ela um corolário essencial da incolumidade e inviolabilidade do direito à vida, direito individual e pedra angular do próprio sistema jus-político moderno" (MARQUES NETO. Contratação de prestadores de serviço de saúde pelo SUS: critérios de inabilitação e seleção, formas de contratação, prazos de vigência e limites de alteração dos contratos; estudos e pareceres. *Cadernos de Direito Constitucional e Ciência Política*, v. 6, n. 24, p. 202).

— como atividade econômica. Esse entendimento é compartilhado por Floriano de Azevedo Marques Neto que, ao comentar o art. 197 da CF/88, assevera:

> Estabelece que todas as ações e serviços de saúde são de relevância pública, o que pressupõe do Poder Público o exercício de atividade regulatória intensa sobre o setor, consubstanciada na regulamentação, fiscalização e controle destas atividades. No entanto, ao tratar da execução de tais serviços, admite que este seja prestado pelo Estado (diretamente ou através de terceiros), mas também por pessoa física ou jurídica de direito privado (ou seja, não mais subsumida ao regime público inerente ao desempenho de função cometida ao Estado). *Assim fazendo, a Constituição delimita duas esferas distintas de prestação dos serviços de saúde: uma esfera pública de responsabilidade do Estado (dever); e uma esfera privada que pode ou não ser desenvolvida por pessoas físicas ou jurídicas de direito privado.*[12] (grifos nossos)

Assim, o particular poderá realizar ações e prestar serviços de saúde tanto como atividade econômica em sentido amplo — nos termos do *caput* do art. 199 da Constituição Federal —,[13] quanto como ação ou serviço público, segundo o disposto no §1º do art. 199:

> Art. 199. (...)
> §1º As instituições privadas poderão participar de forma complementar do sistema único de saúde, segundo diretrizes deste, mediante contrato de direito público ou convênio, tendo preferência as entidades filantrópicas e as sem fins lucrativos.

Reitere-se que na esfera pública de realização de ações e de prestação de serviços de saúde é prevista a participação do particular no Sistema Único de Saúde (SUS). Conforme a Constituição de 1988, a assistência à saúde é livre à iniciativa privada, mas há também a possibilidade de pessoas jurídicas de direito privado

---

[12] MARQUES NETO. Público e privado no setor de saúde. *Revista de Direito Público da Economia – RDPE*, v. 3, n. 9, p. 109.

[13] "Art. 199. A assistência à saúde é livre à iniciativa privada."

participarem do sistema público de saúde. No exercício dessa participação complementar, têm preferência aquelas entidades que não visam ao lucro, referidas no §1º do art. 199 como as entidades filantrópicas e as sem fins lucrativos.

É certo que, ao participarem do Sistema Único de Saúde, as entidades privadas deverão seguir as diretrizes e normas relativas ao SUS. A começar pelo art. 198 da Constituição Federal, que dispõe:

> Art. 198. As ações e serviços públicos de saúde integram uma rede regionalizada e hierarquizada e constituem um sistema único, organizado de acordo com as seguintes diretrizes:
> I - descentralização, com direção única em cada esfera de governo;
> II - atendimento integral, com prioridade para as atividades preventivas, sem prejuízo dos serviços assistenciais;
> III - participação da comunidade.

A admissão de entes privados, atuando junto ao Poder Público na realização de ações e na prestação dos serviços de saúde, tem como premissa o reconhecimento por parte do Poder Constituinte de que, dado o imenso leque de atribuições de que a Municipalidade é detentora, é plausível a hipótese de não ser o município capaz de atender, sozinho, a todas as demandas da população — e aí se inclui a atuação no setor de saúde.

Ainda que a questão seja polêmica, autores como Floriano de Azevedo Marques Neto defendem a subsidiariedade da participação privada no SUS. Nas palavras do autor:

> Tanto a Constituição quanto a lei estabelecem de que forma tal participação se dará. Ela se relaciona à idéia de insuficiência da rede pública de saúde, ou seja, à idéia de subsidiariedade da rede privada em relação à rede pública, servindo para suprir deficiências ou insuficiência da última. Assim é que o artigo 199, §1º, da Constituição estabelece expressamente que a participação da iniciativa privada no Sistema Único de Saúde se dará "de forma complementar".[14]

---

[14] MARQUES NETO. Público e privado no setor de saúde. *Revista de Direito Público da Economia – RDPE*, v. 3, n. 9, p. 112.

De qualquer modo, da interpretação sistemática dos novos dispositivos constitucionais trazidos pela EC n° 51/06, chega-se ao seguinte entendimento:

1. Os serviços de saúde — desde que atendidos os requisitos decorrentes do texto constitucional e definidos em lei, especialmente na Lei Federal n° 8.080/90, conhecida como Lei Orgânica da Saúde — podem ser prestados diretamente pelo Poder Público, ou em parceria com entidades privadas, com preferência às entidades sem fins lucrativos;
2. Portanto, é possível que os profissionais de saúde pertençam a um ente privado parceiro do Município, Estado ou Distrito Federal, desde que obedecidos os requisitos constitucionais;
3. De outro prisma, a interpretação sistemática revela que, em optando o gestor municipal do SUS pela contratação direta dos agentes comunitários de saúde e dos agentes de combate às endemias, essa contratação deverá se dar pela via do processo seletivo público.

Assim, não existe óbice constitucional imposto aos Municípios para a realização de parcerias com entes privados, objetivando a eventual admissão de agentes comunitários de saúde e de combate às endemias.

1.3 O momento da interpretação teleológica

A interpretação teleológica supera a lógica formal e dirige sua atenção para o bem jurídico tutelado pela norma, isto é, para o fim que a norma procura alcançar ou para os valores que busca preservar. A conclusão interpretativa deve estar atrelada e vocacionada à preservação desse bem jurídico, o que ultrapassa o âmbito da lógica formal, introduzindo no método jurídico um elemento material.

Logo, para atingir-se o real sentido de uma regra jurídica é indispensável procurar o seu objetivo, a razão de ser de um dado enunciado ou comando normativo. É no fim jurídico da norma que o intérprete encontra o rumo que lhe permite conservar as justificativas legislativas que orientaram a sua edição.

Quanto à interpretação teleológica, Carlos Maximiliano teceu as seguintes considerações:

> Considera-se o Direito como uma ciência primariamente normativa ou finalística; por isso mesmo a sua interpretação há de ser, na essência, teleológica. O hermeneuta sempre terá em vista o fim da norma, o resultado que a mesma precisa atingir em sua atuação prática. A norma enfeixa um conjunto de providências, protetoras, julgadas necessárias para satisfazer a certas exigências econômicas e sociais; será interpretada de modo que melhor corresponda àquela finalidade e assegure plenamente a tutela de interesses para a qual foi regida.[15]

No mesmo sentido, Miguel Reale atesta que: "O fim para que foi inserto o artigo na lei, sobreleva a tudo. Não se admite interpretação estrita que entrave a realização plena do escopo visado pelo texto. Dentro da letra rigorosa dele procure-se o objetivo da norma suprema; seja atingido, e será perfeita a exegese".[16]

Na seara constitucional, tal entendimento consubstancia o princípio da máxima efetividade, segundo o qual, nas palavras de Canotilho, "no caso de dúvida deve preferir-se a interpretação que reconheça maior eficácia aos direitos fundamentais".[17]

Nessa direção, insta ressaltar que o direito à saúde é direito fundamental de segunda geração,[18] previsto pela Constituição da República Federativa do Brasil em seu art. 6º, que assim dispõe:

---

[15] MAXIMILIANO. *Hermenêutica e aplicação do direito*, p. 151.
[16] REALE. *Lições preliminares de direito*, p. 313-314.
[17] CANOTILHO. *Direito constitucional e teoria da Constituição*, p. 1187.
[18] Segundo José Afonso da Silva, com base na Constituição de 1988, os direitos fundamentais podem ser classificados em cinco grupos: (i) direitos individuais (art. 5º); (ii) direitos à nacionalidade (art. 12); (iii) direitos políticos (art. 14 a 17); (iv) direitos sociais (art. 6º e 193 e ss.); (v) direitos coletivos (art. 5º); e (vi) direitos solidários (art. 3º e 225) (SILVA. *Curso de direito constitucional positivo*, p. 183). Os direitos fundamentais são direitos históricos, decorrentes da luta em defesa de novas liberdades em face de velhos poderes estabelecidos, de modo que se tornou

Art. 6º. São direitos sociais a educação, a saúde, o trabalho, a moradia, o lazer, a segurança, a previdência social, a proteção à maternidade e à infância, a assistência aos desamparados.

No mesmo diapasão, o já colacionado art. 196 da Constituição de 1988 assim estabelece:

Art. 196. A saúde é direito de todos e dever do Estado, garantido mediante políticas sociais e econômicas que visem à redução do risco de doença e de outros agravos e ao acesso universal e igualitário às ações e serviços para sua promoção, proteção e recuperação.[19]

A saúde, direito de todos os cidadãos brasileiros, portanto, é o valor maior a ser preservado pelo Estado brasileiro, pois se encontra diretamente vinculado: (i) ao princípio da dignidade da pessoa humana, fundamento da República Federativa do Brasil, albergado expressamente no inc. III do art. 1º do Texto Constitucional; e (ii) ao direito à vida, consagrado como o primeiro dos direitos individuais previstos pelo art. 5º da Constituição de 1988.

Assim, garantir a realização de ações e a prestação de serviços públicos de saúde de modo adequado é dever do Estado, que deverá fazer uso de todos os mecanismos de que dispõe para, com

---

difundida sua classificação em gerações ou dimensões (BOBBIO. *A era dos direitos*, p. 5). Os direitos fundamentais de primeira dimensão possuem caráter individualista e referem-se uma abstenção do Estado; dele fazem parte os direitos a vida, liberdade, propriedade, igualdade, participação política, entre outros direitos que passaram a serem referidos genericamente como direitos civis e direitos políticos. Na segunda dimensão encontram-se os direitos sociais, culturais e econômicos (*v.g.* direitos a saúde, educação, trabalho, assistência social); para sua realização é necessária intervenção positiva. Os direitos fundamentais de terceira dimensão expressam valores atinentes à solidariedade e à fraternidade, de forma que se consideram dessa dimensão os direitos relativos: (i) ao desenvolvimento; (ii) a autodeterminação dos povos; (iii) a paz; (iv) ao meio ambiente e a qualidade de vida; (v) a conservação e utilização do patrimônio comum da humanidade — histórico e cultural; (vi) a comunicação. Alguns autores mencionam ainda direitos de quarta dimensão, como o direito a democracia, informação e pluralismo.

[19] Com a mesma ênfase, dispõe o art. 2º da Lei nº 8.080/90: "Art. 2º. A saúde é um direito fundamental do ser humano, devendo o Estado prover as condições indispensáveis ao seu pleno exercício".

apoio e participação da sociedade, fazê-lo de maneira eficiente. Dentre esses mecanismos, encontra-se aquele inserido no Texto Constitucional pela EC nº 51/06: a possibilidade de contratação dos agentes comunitários de saúde e dos agentes de combate às endemias, para a concretização do direito à saúde.

Reprise-se que os novos preceitos constitucionais trazidos pela EC nº 51/06 não são autônomos. Com efeito, constituem, em seu conjunto, meios de efetivação do dever que é imposto à Administração Pública pelo art. 196 do Texto Constitucional. Configuram meios de realizar o direito fundamental à saúde, constante no art. 6º da Lei Maior. Sua finalidade é viabilizar o direito à saúde, garantido o *acesso universal e igualitário* às ações e serviços de saúde a todos os cidadãos.

Portanto, a normatividade advinda da EC nº 51/06 há de ser interpretada de modo a garantir a efetividade do direito fundamental à saúde, e jamais pode representar um impedimento, empecilho ou dificuldade para a sua efetivação.

Qualquer lei ou ato normativo infraconstitucional, que eventualmente estipulem óbice, não previsto pela Constituição de 1988, ao acesso igualitário e universal aos serviços de saúde, padecerá de inconstitucionalidade, por afronta ao direito fundamental à vida e à saúde e por afronta à norma contida no art. 196 da Constituição Federal.

Além disso, a simples vedação à participação das organizações da sociedade civil na realização de ações e na prestação de serviços de saúde, em caráter complementar ao SUS, configura estampada violação às regras contidas nos artigos 197, 198, inc. III, e 199, §1º, da Constituição Federal.

Capítulo 2

Regulamentação das atividades de agente comunitário de saúde e de agente de combate às endemias

Sumário: 2.1 As bases jurídico-normativas do SUS e as hipóteses de participação privada na realização de ações e na prestação de serviços públicos de saúde - **2.2** O histórico legislativo referente à Lei Federal nº 11.350/06, de 5 de outubro de 2006 - **2.3** A possibilidade de celebração de parcerias entre os Municípios e as entidades privadas sem fins lucrativos, para a implementação dos programas Saúde da Família e Agentes Comunitários de Saúde -**2.4** Inconstitucionalidade dos artigos 2º e 16 da Lei Federal nº 11.350/06 - **2.4.1** Medidas judiciais a serem tomadas, visando provocar a declaração de inconstitucionalidade dos artigos 2º e 16 da Lei Federal nº 11.350/06 - **2.5** Constitucionalidade dos projetos de lei nº 7.495/06 e nº 298/07, que pretendem modificar parcialmente a Lei Federal nº 11.350/06 - **2.5.1** O Projeto de Lei nº 7.495/06, do Senado Federal - **2.5.2** O Projeto de Lei nº 298/07, da Câmara dos Deputados - **2.5.3** Perspectivas da nova tutela das atividades de Agente Comunitário de Saúde e de Agente de Combate às Endemias, propostas nos projetos de lei nº 7.495/06 e nº 289/07

Com objetivo de disciplinar o §5º do art. 198 da Constituição Federal, acrescido pela EC nº 51/06, foi editada a Lei Federal nº 11.350, de 5 de outubro de 2006, resultado da conversão da Medida Provisória nº 297, de 9 de junho de 2006, e que revogou explicitamente, em seu art. 21, a Lei Federal nº 10.507, de 10 de julho de 2002.

Não obstante, alguns dispositivos da Lei Federal nº 11.350/06 afrontam diretamente diversos preceitos da Constituição de 1988, em especial aqueles que conformam o subsistema constitucional da saúde pública, padecendo de insanável vício de inconstitucionalidade.

Entretanto, antes de analisar as disposições de referido ato legislativo, é necessário enfocar (i) as bases jurídico-normativas atinente ao Sistema Único de Saúde-SUS, e (ii) o histórico legislativo referente à Lei Federal nº 11.350/06.

2.1 As bases jurídico-normativas do SUS e as hipóteses de participação privada na realização de ações e prestação de serviços públicos de saúde

A Lei Federal nº 8.080, de 19 de setembro de 1990, Lei Orgânica da Saúde, em conjunto com a Lei Federal nº 8.142, de 28 de dezembro de 1990, no esteio da Constituição da República, regulamentaram o SUS, admitindo expressamente a participação da iniciativa privada no setor público de saúde, em caráter complementar às ações realizadas e aos serviços prestados diretamente pelo Estado.[20]

Eis a redação dos artigos 4º e 24 da Lei Federal nº 8.080/90:

> Art. 4º. O conjunto de ações e serviços de saúde, prestados por órgãos e instituições públicas federais, estaduais e municipais, da Administração direta e indireta e das fundações mantidas pelo Poder Público, constitui o Sistema Único de Saúde (SUS).
> §1º Estão incluídas no disposto neste artigo as instituições públicas federais, estaduais e municipais de controle de qualidade, pesquisa e produção de insumos, medicamentos, inclusive de sangue e hemoderivados, e de equipamentos para saúde.
> §2º *A iniciativa privada poderá participar do Sistema Único de Saúde (SUS), em caráter complementar.* (...)

---

[20] Sobre as deficiências do sistema de saúde brasileiro, detectadas anteriormente à implantação do SUS, cf. PINTO; DONINI. O contexto institucional e operacional do setor saúde e sua relevância para o SUDS. *Revista de Administração Pública*, v. 25, n. 3, p. 139-154.

Art. 24. Quando as suas disponibilidades forem insuficientes para garantir a cobertura assistencial à população de uma determinada área, *o Sistema Único de Saúde (SUS) poderá recorrer aos serviços ofertados pela iniciativa privada.*
Parágrafo único. A participação complementar dos serviços privados será formalizada mediante contrato ou convênio, observadas, a respeito, as normas de direito público. (grifos nossos)

Esta possibilidade de atuação complementar de entidades privadas é reforçada pelo art. 18 da Lei Federal nº 8.080/90, segundo o qual compete à direção municipal do SUS celebrar contratos e convênios com entidades prestadoras de serviços privados de saúde, além de controlar e avaliar sua execução.[21]

Na mesma linha, em 1996 foi publicada a Norma Operacional Básica do SUS (NOB/SUS), com a finalidade de "promover e consolidar o pleno exercício, por parte do poder público municipal e do Distrito Federal, da função de gestor da atenção à saúde dos seus munícipes, com a conseqüente redefinição das responsabilidades dos Estados, do Distrito Federal e da União".

O *item 4 da NOB/SUS,* que trata do Sistema de Saúde Municipal, enfatiza a possibilidade de participação privada no SUS:

Os estabelecimentos desse subsistema municipal, do SUS-Municipal, não precisam ser, obrigatoriamente, de propriedade da prefeitura, nem precisam ter sede no território do Município. Suas ações, desenvolvidas pelas unidades estatais (próprias, estaduais ou federais) ou *privadas* (contratadas ou conveniadas, *com prioridade para as entidades filantrópicas),* têm que estar organizadas e coordenadas, de modo que o gestor municipal possa garantir à população o acesso aos serviços e a disponibilidade das ações e dos meios para o atendimento integral.
Isso significa dizer que, *independentemente da gerência dos estabelecimentos prestadores de serviços ser estatal ou privada, a gestão de todo o sistema municipal é,* necessariamente, da *competência do poder público* e exclusiva desta esfera de

---

[21] Sobre o tema, cf. posicionamento de SANTOS. Da contratação de serviços complementares de assistência à saúde. *Revista da Procuradoria-Geral do Estado de São Paulo,* n. 43, p. 257-269.

governo, respeitadas as atribuições do respectivo Conselho e de outras diferentes instâncias de poder. Assim, nesta NOB gerência é conceituada como sendo a administração de uma unidade ou órgão de saúde (ambulatório, hospital, instituto, fundação etc.), que se caracteriza como prestador de serviços ao Sistema. Por sua vez, gestão é a atividade e a responsabilidade de dirigir um sistema de saúde (municipal, estadual ou nacional), mediante o exercício de funções de coordenação, articulação, negociação, planejamento, acompanhamento, controle, avaliação e auditoria. São, portanto, gestores do SUS os Secretários Municipais e Estaduais de Saúde e o Ministro da Saúde, que representam, respectivamente, os governos municipais, estaduais e federal. (grifos nossos)

Tanto é pacífico o entendimento quanto à possibilidade da participação, em caráter complementar, de entes privados no SUS — e em especial daqueles sem finalidade lucrativa — que o Ministério da Saúde, com o objetivo de esclarecer os contornos e a extensão da *complementaridade* de que trata a Constituição da República, editou a Portaria nº 3.277-GM/MS, de 22 de dezembro de 2006, a qual dispõe, em seu art. 2º:

Art. 2º. Quando utilizada toda a capacidade instalada dos serviços públicos de saúde, e comprovada e justificada a necessidade de complementar sua rede e, ainda, se houver impossibilidade de ampliação dos serviços públicos, o gestor poderá complementar a oferta com serviços privados de assistência à saúde.

Depreende-se da redação do artigo aludido que o pressuposto para a admissibilidade de serviços privados de saúde no atendimento público é a utilização integral de sua capacidade instalada nos serviços públicos de saúde. Ainda que de constitucionalidade duvidosa,[22] nessa hipótese normativa pode ser qualificada como *complementar* a atuação do ente privado junto aos gestores públicos do SUS.

---

[22] Sobre a delimitação da complementaridade da participação privada no SUS, conferir: MÂNICA, Fernando Borges. *Participação privada na prestação de serviços públicos de saúde*. 2009. 306 p. Tese (Doutorado) – Curso de Pós-Graduação em Direito, Universidade de São Paulo, São Paulo, 2009. p. 161-184.

O referido ato normativo do Ministério da Saúde enfatiza também a preferência de que são dotadas as entidades sem fins lucrativos ou de caráter filantrópico para atuar como parceiras do ente público — como é o caso das Organizações da Sociedade Civil de Interesse Público (OSCIPs), nos termos da Lei Federal nº 9.790/99. Nesse sentido, dispõe o art. 4º da Portaria nº 3.277/06 GM/MS:

Art. 4º. O estado ou o município, uma vez esgotada sua capacidade de oferta de serviços públicos de saúde, *deverá, ao recorrer ao setor privado, dar preferência às entidades filantrópicas e às sem fins lucrativos.*
Parágrafo único - Poderá fazer uso do instrumento de convênio quando for estabelecida uma *parceria para a prestação de serviços de saúde, entendida como uma comunhão de interesses* que observa os seguintes elementos:
I - a entidade filantrópica ou a sem fins lucrativos deverá dedicar-se prioritariamente ao atendimento dos usuários do SUS;
II - a entidade filantrópica ou a sem fins lucrativos deverá respeitar o princípio da igualdade no atendimento dos usuários do SUS e de sua clientela privada;
III - utilização da capacidade instalada da entidade filantrópica ou da sem fins lucrativos, incluídos os equipamentos médico-hospitalares para atendimento de clientela particular, incluída a proveniente de convênios com entidades privadas, somente será permitida após esgotada sua utilização em favor da clientela universalizada e desde que estejam garantidos, no mínimo, 60% (sessenta por cento) da capacidade instalada para atendimento de pacientes encaminhados pelo SUS. (grifos nossos)

Impende ressaltar a preferência que é dada às entidades sem finalidade lucrativa, e a atuação destas na qualidade de parceiras do Poder Público. Isso significa que o ente privado e a municipalidade possuem objetivos comuns, convergindo suas forças para a concretização do direito à saúde.

E os instrumentos jurídicos aptos a disciplinar os ajustes entre o Poder Público, conforme previsto pelo §1º do art. 199 da Constituição Federal, são os contratos administrativos e os convênios. ANEXO A: Além deles, devem ser relacionados dois novos modelos de ajuste colaborativo criados na década de 90 do século XX: o contrato de gestão, previsto pela Lei nº 9.637/98,[23] e o termo de parceria, previsto pela Lei nº 9.790/99.[24] A essa altura, duas observações são imprescindíveis.

---

[23] A Lei Federal nº 9.637, de 15 de maio de 1998, resultado de conversão da Medida Provisória 1.648, de 23 de abril de 1998 criou a qualificação de Organização Social (OS) e instituiu o contrato de gestão como novo modelo de ajuste entre o Poder Público e a iniciativa privada sem fins lucrativos. A OS refere-se a pessoa jurídica de direito privado, sem fins lucrativos, criada pela iniciativa privada, para o desempenho de serviços não exclusivos do Estado — ensino, pesquisa científica, desenvolvimento tecnológico, proteção e preservação do meio ambiente, cultura e saúde. Por contrato de gestão, nos termos do art. 5º da Lei Federal nº 9.637/98, entende-se "o instrumento firmado entre o Poder Público e a entidade qualificada como organização social, com vistas à formação de parceria entre as partes para fomento e execução de atividades relativas ao ensino, pesquisa científica, desenvolvimento tecnológico, proteção e preservação do meio ambiente, cultura e saúde". Por meio do contrato de gestão são especificados o programa de trabalho da organização, as metas a serem atingidas, com os respectivos prazos de execução, assim como os critérios de avaliação de seu desempenho. A execução desse vínculo jurídico entre a organização e o poder público deverá ser supervisionada por órgão ou entidade supervisora da área de atuação correlata à atividade a ser desempenhada. O contrato de gestão poderá envolver: cessão de recursos orçamentários ao cumprimento do contrato, permissão de uso de bens públicos, com dispensa de citação; cessão de servidores públicos; dispensa de licitação em contratos de prestação de serviços entre o Estado e a organização social.

[24] A Lei Federal nº 9.790, de 23 de março de 1999, estabeleceu uma nova disciplina jurídica das entidades sem fins lucrativos, possibilitando a sua qualificação como OSCIP. A referida lei possibilita qualificação a todas as entidades que apresentem uma das finalidades previstas em seu art. 3º, dentre as quais a prestação de serviços de saúde. Dessa forma, a OSCIP caracteriza-se como uma pessoa jurídica de direito privado, formada pela sociedade civil para atuar em pelo menos em atividade de interesse público, que se pode vincular juridicamente ao Poder Público mediante termo de parceria. O termo de parceria é definido pela Lei nº 9.790/99 como o "instrumento passível de ser firmado entre o Poder Público e as entidades qualificadas como Organizações da Sociedade Civil de Interesse Público destinado à formação de vínculo de cooperação entre as partes, para o fomento e a execução das atividades de interesse público previstas no art. 3º da mesma lei". De acordo com a Lei nº 9.790/99, por meio do Termo de parceria é possível que a entidade privada qualificada como OSCIP receba do Estado bens e recursos públicos, a partir da definição dos seguintes itens: objeto e o programa de trabalho; metas a serem atingidas, com seus respectivos prazos; critérios de avaliação de desempenho; previsão de receitas e despesas; obrigatoriedade de apresentação do relatório anual; publicação na imprensa oficial do extrato do termo.

A **primeira** refere-se ao termo que genericamente convencionou-se utilizar para referir-se à execução, por terceiros, de atividades da competência de determinado ente público na área da prestação de serviços de saúde: *terceirização*.[25] No âmbito da saúde, conforme demonstrado, é expressamente permitida a prestação do serviço por terceiros. Admite a Constituição de 1988, peremptoriamente, a terceirização (em sentido

---

[25] A temática da terceirização no âmbito do SUS é extremamente polêmica, e vem sendo enfrentada diariamente em nossos tribunais. Exemplificando, em trâmite no STF, há a Reclamação nº 4872/GO, cuja decisão liminar da lavra da Min. Ellen Gracie foi a seguinte: "1. Trata-se de reclamação constitucional, fundada nos arts. 102, I, *l*, da Constituição da República, 13 e seguintes da Lei nº 8.038/90 e 156 e seguintes do Regimento Interno do Supremo Tribunal Federal, com pedido de medida liminar, proposta pelo Município de Montividiu/GO em face da decisão proferida pelo Juiz da 1ª Vara do Trabalho de Rio Verde-GO que, em ação civil pública ajuizada pelo Ministério Público do Trabalho (Processo nº 01661-2006-101-18-00-2), deferiu liminar para determinar que a municipalidade reclamante se abstivesse de '*contratar novos trabalhadores sem prévia aprovação em concurso público ou de seleção pública para os casos dos agentes comunitários de saúde, bem como de contratar qualquer trabalhador, sem o necessário concurso público*' (fl. 32), designando audiência para o dia dezessete de janeiro de 2007. (...) Diz o reclamante que a prestação de serviços no âmbito do Programa Saúde da Família é realizado em convênio com o Governo Federal. (...) 3. Passo ao exame do pedido de medida liminar. Assim procedendo, reputo atendidos os requisitos necessários à sua concessão. Numa análise prefacial, considero que a relação de serviço objeto da ação civil pública em apreço evidencia nítido contorno jurídico-administrativo, cuja necessidade de realização de concurso público deverá ser definida. Todavia, a manutenção do processamento da ação em comento na Justiça do Trabalho me parece afrontar a decisão proferida por esta Corte no julgamento cautelar da ADI 3.395/DF. Registro que, em relação a outras ações civis públicas que também tratam de credenciamentos municipais de pessoal para o Programa Saúde da Família, esta Corte deferiu medida liminar nas Reclamações 4.074/GO, 4.104/GO e 4.466/GO, rel. Min. Joaquim Barbosa, e 4.494/GO, de que fui relatora, para suspender o curso dos processos na Justiça Trabalhista. (...) Quanto ao perigo na demora, verifico que o Juiz da 1ª Vara do Trabalho de Rio Verde/GO determinou a realização de audiência no dia dezessete de janeiro deste ano. É dizer, tudo recomenda que se evite o impacto da decisão proferida em onze de dezembro de 2006 (fls. 29-32), nos termos da decisão proferida na ADI 3.395/DF. 4. Ante o exposto, **defiro** o pedido de medida liminar para suspender o andamento da Ação Civil Pública nº 01661-2006-101-18-00-2, em curso perante a 1ª Vara do Trabalho de Rio Verde-GO, até o julgamento definitivo da presente reclamação" (*DJU*, 02 fev. 07).

amplo) das ações e serviços de saúde. Não obstante, tal modalidade de atuação deve ocorrer, sempre, em caráter complementar às ações e serviços executados pelos órgãos e entidades do Poder Público integrantes do SUS.[26]

A **segunda observação** refere-se à necessidade de ser adotado prévio procedimento de escolha da entidade privada que ao final firmará ajuste com o Poder Público, para a realização de ações e prestação de serviços de saúde. Em tese, nas hipóteses em que seja possível a competição entre mais de uma entidade privada, é imprescindível a realização de licitação, nos termos da Lei nº 8.666/93, ou de outro procedimento de escolha, no qual seja garantida a igualdade de oportunidade aos interessados e a possibilidade de melhor escolha pelo Poder Público, como o *concurso de projetos* previsto pelo Decreto nº 3.100, de 30 de junho de 1999,[27] ou o *chamamento público*, previsto pelo Decreto nº 6.170, de 25 de julho de 2007.

2.2 O histórico legislativo referente à Lei Federal nº 11.350/06, de 5 de outubro de 2006

Desde o surgimento de regulamentação específica relativa aos programas de saúde da família e de agentes comunitários, por meio da Portaria nº 1.886, de 18 de dezembro de 1997, do Ministério da Saúde, outros atos normativos regulamentaram a profissão de agentes comunitários de saúde e de agentes de combate às endemias.[28]

---

[26] A noção de *complementaridade* pode ser encontrada na legislação do SUS, em especial no art. 24 da Lei Federal nº 8.080/90 (Lei Orgânica da Saúde – LOS), e em atos infralegais, em especial o art. 2º da Portaria nº 3.277/06, ambos acima colacionados.

[27] Sobre o tema, cf. OLIVEIRA; MÂNICA. Organizações da Sociedade Civil de Interesse Público: termo de parceria e licitação. *Boletim de Direito Administrativo*, v. 21, n. 9, p. 1010-1025.

[28] O Programa de Agentes Comunitários de Saúde (PACS) foi criado no ano de 1991 pelo Ministério da Saúde, com o intuito de diminuir a mortalidade infantil e materna nas regiões Nordeste e Norte do Brasil. A partir dessa experiência,

O Decreto Federal n° 3.189, 04 de outubro de 1999, fixou as diretrizes para o exercício da atividade de agente comunitário de saúde (ACS). Além de estabelecer as principais atividades desses profissionais, o decreto determinava expressamente em seu art. 4º que os agentes não deveriam ter, obrigatoriamente, vínculos diretos com o Poder Público:

> Art. 4º O ACS prestará seus serviços, de forma remunerada, na área do respectivo município, com vínculo direto ou indireto com o Poder Público local, observadas as disposições fixadas em portaria do Ministério da Saúde.

O decreto ora enfocado, com base na Constituição de 1988, reconheceu ao gestor local — prestador do serviço público de saúde e conhecedor da realidade comunitária — a prerrogativa de escolha entre estabelecer, ou não, vínculo direto com os agentes comunitários de saúde.

Além disso, considerando a natureza da atuação dos agentes comunitários, o decreto em referência determinou o requisito da residência do agente na comunidade em que atua. Tal exigência aponta claramente para a pertinência e a adequação, na hipótese, de poderem ser firmadas parcerias envolvendo entidades sociais da comunidade para o exercício das atividades de agente comunitário da saúde — o que se encontra em estrita consonância com a regulamentação constitucional dos serviços públicos de saúde.

---

juntamente com experiências de países como Canadá, Cuba e Inglaterra, que já utilizavam programas voltados para a atenção e assistência à família, nasceu o Programa Saúde da Família (PSF), criando um novo modelo de saúde pública, voltada para o indivíduo e o ambiente em que vive. De acordo com o Ministério da Saúde, a saúde da família é entendida como uma estratégia de reorientação do modelo assistencial, operacionalizada mediante a implantação de equipes multiprofissionais em unidades básicas de saúde. Estas equipes são responsáveis pelo acompanhamento de um número definido de famílias, localizadas em uma área geográfica delimitada. As equipes atuam com ações de promoção da saúde, prevenção, recuperação, reabilitação de doenças e agravos mais freqüentes, e na manutenção da saúde desta comunidade. A responsabilidade pelo acompanhamento das famílias coloca para as equipes saúde da família a necessidade de ultrapassar os limites classicamente definidos para a atenção básica no Brasil, especialmente no contexto do SUS.

Nesse passo, ao fixar as diretrizes da profissão, o Executivo Federal percebeu o extenso elenco de tarefas que deveriam desenvolver e as peculiaridades que deveriam possuir esses profissionais. Acertou, portanto, ao não obrigar a contratação direta daqueles pelos órgãos e entidades do Poder Público.

Mais do que isso, o Governo Federal foi sensível à impossibilidade de o Poder Público Municipal contratar exclusivamente de forma direta, respeitando a realidade e os limites fáticos do sistema de saúde público brasileiro. Observou, ainda, que o arcabouço legislativo brasileiro autorizava e estimulava tais parcerias, com o objetivo maior de garantir a universalização das ações e serviços públicos de saúde. A única condição criada para o funcionamento dos programas de saúde com a participação dos agentes comunitários de saúde foi o respeito e a observância das diretrizes básicas adotadas pelo Ministério da Saúde.

O Decreto Federal nº 3.189/99 foi revogado pela Lei Federal nº 10.507, de 10 de julho de 2002, que criou a profissão de agente comunitário de saúde. O texto da lei é semelhante ao texto contido no decreto. Como aquele, não inovou o ordenamento da saúde, criando restrições à participação privada no setor público de saúde.

2.3 A possibilidade de celebração de parcerias entre os Municípios e as entidades privadas sem fins lucrativos, para a implementação dos programas Saúde da Família e Agentes Comunitários de Saúde

Diante de todas essas constatações, cumpre aduzir que o próprio Ministério da Saúde reconhecera o seguinte, em publicação oficial:

> O Agente Comunitário de Saúde (ACS) é um profissional *sui generis*. Oriundo da comunidade, como alude a sua denominação, deve exercer uma liderança entre os seus pares, apresentando um perfil distinto do servidor público clássico. Na seleção de um servidor público comum, procura-se, a princípio, a pessoa mais qualificada tecnicamente para o

exercício daquele mister. Aqui, não necessariamente. São fundamentais os aspectos da solidariedade e liderança, a necessidade de residir na própria comunidade e o conhecimento da realidade social que o cerca. Os ensinamentos técnicos virão depois, mediante os cursos ministrados pelo Poder Publico. Essa distinção é fundamental nesse trabalho. Na verdade, esse traço identificador da categoria é o pilar das eventuais dificuldades que se encontram para se construir um modelo jurídico de contratação. Se assim não fosse, não haveria qualquer dúvida de que os ACS deveriam ser submetidos aos mesmos comandos e regras próprias dos demais servidores públicos, em regime estatutário ou celetista, mediante prévia aprovação em concurso público, e vinculadas às características desses regimes, inclusive estabilidade e regime disciplinar específico.[29]

Por isso, era considerado pacífico — e até mesmo fomentado e incentivado pelos órgãos públicos federais — o entendimento segundo o qual era admitida a possibilidade de uma entidade privada sem fins lucrativos, eventualmente qualificada como OSCIP (por exemplo), atuar em parceria com entes municipais, para a implementação e execução de programas públicos na área de saúde, dentre eles o Programa Saúde da Família (PSF), que envolve a atuação dos agentes comunitários de saúde.[30] Tal atuação poderia abarcar, inclusive, a viabilização do recrutamento dos aludidos profissionais, a ser realizado pela entidade privada parceira, atendidas as prerrogativas essenciais do programa.

---

[29] BRASIL. Ministério da Saúde. Modalidade de contratação de agentes comunitários de saúde: um pacto tripartite, Série C. *Projetos, Programas e Relatórios*, p. 9.

[30] A propósito da questão, deve-se notar, e lamentar, que no *Manual de orientações para contratação de serviços no Sistema Único de Saúde*, editado pelo Ministério da Saúde no ano de 2007, sequer consta a previsão de ajuste para a realização de ações e prestação de serviços de saúde por meio de Organizações da Sociedade Civil de Interesse Público (OSCIP). A ausência de qualquer menção ao Termo de Parceria com as OSCIPs, previsto pela Lei Federal nº 9.790/99, demonstra falta inaceitável de conhecimento e reconhecimento, por parte do mais importante órgão federal de saúde, acerca dos instrumentos jurídicos previstos pelo ordenamento jurídico para a participação privada no setor de saúde. Sobre o tema, conferir: BRASIL. Ministério da Saúde. Secretaria de Atenção à Saúde. Departamento de Regulação Avaliação e Controle de Sistemas. *Manual de orientações para contratação de serviços do SUS/Ministério da Saúde*. Brasília: Ministério da Saúde, 2007.

Nessa linha, conforme consubstanciado no Acórdão nº 1.146/2003 – Plenário, do Tribunal de Contas da União (TCU), no que tange à contratação de agentes comunitários de saúde para o Programa Saúde da Família, a Excelsa Corte Federal de Contas consolidou o seguinte entendimento:

> O Ministério da Saúde, por intermédio da Secretaria de Políticas de Saúde, na implementação do Programa Saúde da Família, nos diversos entes da Federação, qualquer que seja a nomenclatura do programa adotada no local, deve observar o seguinte: Somente podem ser consideradas como alternativas válidas para a contratação dos agentes comunitários de saúde e demais profissionais das Equipes de Saúde da Família, a contratação direta pelo município, com a criação de cargos ou empregos públicos, ou a contratação indireta, mediante a celebração de contrato de gestão com Organização Social (OS) ou Termo de Parceria com Organização da Sociedade Civil de Interesse Público (OSCIP), nos termos da Lei 9.639/98 e da Lei 9.790/99. Na modalidade de contratação indireta, somente pode ser estabelecido contrato de gestão ou termo de parceria com OS qualificadas pelo Poder Executivo Federal ou OSCIP qualificadas pelo Ministério da Justiça, que detenham prévia capacitação e experiência na área de saúde, nos termos da Lei 9.637/98 e da Lei 9.790/99. Na modalidade de contratação indireta, o Programa Saúde da Família e outros incumbidos à OS ou OSCIP contratada e financiados, ainda que parcialmente, com recursos federais, deverão estar integralmente a cargo dessa entidade para sua execução, devendo ela responder não só pela seleção, contratação e treinamento de pessoal, mas também pela gestão e implementação de todas as ações de assistência à saúde que constituem o programa, podendo a Secretaria de Saúde, neste caso, fornecer à entidade, para serem geridos por ela, outros profissionais integrantes de seus quadros funcionais e equipamentos necessários à execução do programa, nos termos do que autorizar a legislação e for pactuado no contrato de gestão ou termo de parceria. Determina que o Ministério da Saúde, por intermédio da Secretaria de Políticas de Saúde, considerando o número reduzido de OS e OSCIP habilitadas na área da saúde, deve identificar entidades que estejam aptas a selecionar, contratar e gerenciar os agentes comunitários de saúde e demais profissionais das Equipes de Saúde da Família e que preencham os requisitos estabelecidos na Lei 9.637/98 ou na Lei 9.790/99 e no Decreto 3.100/99, para, em trabalho conjunto com o Ministério da Justiça, amplie o número de organizações regularmente qualificadas.

O acórdão aludido é de extrema relevância, uma vez que o Programa Saúde da Família (PSF) é de natureza federal, cumprindo ao TCU exercer a competência constitucional de firmar entendimentos em relação as modalidade de execução de referido programa. Ademais disso, cabe apontar ainda que, na decisão apontada, ficou consignada uma recomendação do TCU ao Ministério da Saúde:

> 9.7. determinar ao Ministério da Saúde, por intermédio da Secretaria de Políticas de Saúde, que, considerando o número reduzido de Organizações Sociais e de Organizações da Sociedade Civil de Interesse Público (OSCIP) habilitadas na área da saúde, identifique entidades que estejam aptas a selecionar, contratar e gerenciar os agentes comunitários de saúde e demais profissionais das Equipes de Saúde da Família e que preencham os requisitos estabelecidos na Lei 9.637/98 ou na Lei 9.790/99 e no Decreto 3.100/99, para, em trabalho conjunto com o Ministério da Justiça, ampliar o número de organizações regularmente qualificadas.

Por seu turno, o entendimento acima expressado foi reforçado por outras decisões do TCU, a exemplo do Acórdão nº 2.578/04-TCU – 1ª Câmara:

> *3. Sobre a questão, existe, no âmbito do Ministério da Saúde, recomendação para a contratação direta dos profissionais, por meio de processo seletivo, ou indireta, com a intervenção de entidades do chamado terceiro setor. 4. Conforme relatado em auditoria operacional realizada no programa 'Saúde da Família" (TC-012.653/01-8), da qual fui relator, o Ministério Público do Trabalho não tem aceitado a terceirização dos profissionais de saúde ligados a esses programas, punindo, com freqüência, os Municípios que as adotam. A única modalidade admitida pelo Ministério Público do Trabalho é a contratação através das Organizações da Sociedade Civil de Interesse Público – OSCIPs, regulamentadas pela Lei nº 9.790/99 (Lei do Terceiro Setor).* (grifos nossos)

Em assim sendo, aplicava-se comumente às OSCIPs executoras do PSF o requisito da obrigatoriedade de teste seletivo para o recrutamento de agentes comunitários de saúde, nos termos da Portaria nº 1.886/97-GM/MS, oriunda do Ministério da Saúde, que dispõe acerca das normas e diretrizes do programa de ACS, notadamente em sua cláusula sétima, item 7.5, e cláusula oitava, item 8.3, a seguir transcritos:

> 7.5 Recrutar os agentes comunitários de saúde através de processo seletivo, segundo as normas e diretrizes básicas do programa.
>
> 8.3 O recrutamento do Agente Comunitário de Saúde deve se dar através de processo seletivo, no próprio Município (...).

A Justiça do Trabalho, ainda que com acentuada divergência em sua jurisprudência, sinalizou favoravelmente às parcerias apontadas em algumas decisões, como TRT – 4ª Região, REO-RO, nº 00807.2002.018.04.00.9, 4ª Turma, Rel. Juiz Milton Varela Dutra, *DOE*, Rio Grande do Sul, 28 jun. 2004; e TRT – 8ª Região, REXRO nº 00847-2005-008-08-00-4, 3ª Turma, Rel. Des. Luis José de Jesus Ribeiro, j. em 23.11.2005.

Prosseguindo nos antecedentes legislativos, a Lei Federal nº 10.507/02 teve vigência até a publicação da Medida Provisória nº 297, de 9 de junho de 2006, posteriormente convertida na Lei Federal nº 11.350, de 5 de outubro de 2006.

A MP nº 297/06 foi editada pelo Presidente da República alguns meses após a publicação da Emenda Constitucional nº 51, de 14 de fevereiro de 2006, com o objetivo de regulamentar o recém criado §5º do art. 198, da Constituição Federal.

Como anteriormente assinalado, a EC nº 51/06 não trouxe qualquer inovação acerca da participação privada no SUS, de modo que a Lei Federal nº 10.507/02 fora recepcionada pela EC nº 51/06, até sua revogação explícita pela Lei Federal nº 11.350/06.

Não obstante, dispositivos da Medida Provisória nº 297/06, convertida na Lei Federal nº 11.350/06, ao restringir a participação privada na realização de ações e na prestação de serviços públicos de saúde, vedando a possibilidade de parcerias para a atuação de agentes comunitários de saúde e agentes de combate às endemias, incidiram em flagrante inconstitucionalidade.

2.4 Inconstitucionalidade dos artigos 2º e 16 da Lei Federal nº 11.350/06

A Lei Federal nº 11.350/06 determina que o exercício das atividades de agente comunitário de saúde e de agente de combate às endemias dar-se-á exclusivamente no âmbito do SUS, repetindo a disciplina legal anterior.

Não obstante, a lei em destaque restringe a contratação dos referidos agentes, que deverá ocorrer unicamente de modo direto por entidades da administração direta, fundacional e autárquica. Eis o que dispõe o art. 2º da lei:

> Art. 2º. O exercício das atividades de Agente Comunitário de Saúde e de Agente de Combate às Endemias, nos termos desta Lei, dar-se-á exclusivamente no âmbito do Sistema Único de Saúde – SUS, na execução das atividades de responsabilidade dos entes federados, mediante vínculo direto entre os referidos agentes e órgão ou entidade da administração direta, autárquica ou fundacional.

Entretanto, conforme foi acima assinalado, além de a Constituição da República não vedar a formalização de parcerias para atuação no âmbito da saúde, o arcabouço constitucional concernente às atividades de promoção, proteção e recuperação da saúde estimula a realização de tais avenças, dotando de preferência as entidades privadas que não visam ao lucro.

A admissibilidade das parcerias com a iniciativa privada por parte da Administração Pública é resultante da constatação, pelo poder constituinte originário, de que o Estado é incapaz de atender a todos os anseios de seus administrados e realizar exclusivamente por meio da atuação direta, de maneira eficiente, todas as prestações de sua competência.

Isso ocorre principalmente a partir das duas últimas décadas do século XX, quando o modelo de Estado Social atravessa grave crise em todo o mundo, e toma corpo a discussão sobre a redefinição dos papéis do Estado. O Poder Público, então, passa a contar com a participação dos particulares na consecução de seus objetivos.[31]

---

[31] Sobre as recentes transformações nos mecanismos de participação privada na prestação de serviços de saúde em ordenamentos estrangeiros, conferir: MÂNICA,

Buscando a implementação de um novo modelo de gestão pública, apoiado na eficiência administrativa e na geração dos melhores resultados possíveis por meio do desenvolvimento da ação pública, a EC nº 19/98 inseriu na Constituição de 1988 o princípio da eficiência, no art. 37, *caput*, o qual se encontra imbricado com a temática das parcerias na Administração Pública.

É seguindo essa racionalidade, advinda da "Reforma do Estado", que vêm sendo idealizados novos institutos, tal como os contratos de gestão, as agências executivas, as organizações sociais, as OSCIPs e os termos de parceria, os quais — reitere-se — encontram respaldo constitucional e legal para serem utilizados pela Municipalidade.

Corroborando a possibilidade do bom emprego desses novos institutos e modelos de gestão colaborativos, eis as palavras de Carlos Ari Sundfeld:

> As concessões e as agências reguladoras são reformas importantes do período FHC, feitas enquanto existia o Ministério da Reforma do Estado. O mais relevante da atuação concreta do MARE foi a introdução da idéia de que parte das atividades do Estado poderia ser desempenhada pelo terceiro setor, por aquilo que o ministro Luiz Carlos Bresser-Pereira chamou de "entes públicos não–estatais". Essa idéia foi importante porque contrariava o modo como a administração estava organizada. A reforma das empresas estatais e as concessões dizem respeito à atividade econômica que o estado desenvolvia, atividade lucrativa, prestando serviço e cobrando por isso. Mas era preciso pensar uma maneira de reformar também as atividades não-econômicas. Por exemplo, atividades sociais do estado, atividades de pesquisa. E a fórmula que o plano da reforma previu foi a de criar entes públicos não-estatais não vinculados ao Estado. Seriam entidades da sociedade civil que manteriam com o Estado um termo de parceria. Mas a aplicação desse modelo ainda é embrionária. Em alguns lugares houve sucesso na área da saúde. Há 14 hospitais no Estado de São Paulo que o Estado construiu e

---

Fernando Borges. *Participação privada na prestação de serviços públicos de saúde*. 2009. 306 p. Tese (Doutorado) – Curso de Pós-Graduação em Direito, Universidade de São Paulo, São Paulo, 2009. p. 57-86.

em seguida entregou a organizações sociais que administram esses hospitais, sem interferência direta.[32]

---

[32] SUNDFELD. Limite e potencial das parcerias público-privadas. *Revista Getúlio* / Fundação Getúlio Vargas (FGV), v. 1, n. 2, p. 39. Aliás, cabe ressaltar que recentemente o Supremo Tribunal Federal, por maioria, indeferiu medida cautelar em ação direta de inconstitucionalidade ajuizada pelo Partido dos Trabalhadores (PT) e pelo Partido Democrático Trabalhista (PDT) contra a Lei nº 9.637/98 — que dispõe sobre a qualificação como organizações sociais de pessoas jurídicas de direito privado, a criação do Programa Nacional de Publicização, a extinção dos órgãos e entidades que mencionam, a absorção de suas atividades por organizações sociais, e dá outras providências —, e contra o inc. XXIV do art. 24 da Lei nº 8.666/93, com a redação dada pelo art. 1º da Lei nº 9.648/98, que autoriza a celebração de contratos de prestação de serviços com organizações sociais, sem licitação. Entendeu-se inexistir, à primeira vista, incompatibilidade da norma impugnada com CF. Quanto ao art. 1º da Lei nº 9.637/98, que autoriza o Poder Executivo a qualificar como organizações sociais pessoas jurídicas de direito privado, sem fins lucrativos, cujas atividades sejam dirigidas ao ensino, à pesquisa científica, ao desenvolvimento tecnológico, à proteção e preservação do meio ambiente, à cultura e à saúde, considerou-se que a Constituição Federal não impôs ao Estado o dever de prestar tais atividades por meio de órgãos ou entidades públicas, nem impediu que elas fossem desempenhadas por entidades por ele constituídas para isso, como são as organizações sociais. O Min. Gilmar Mendes, em voto-vista, nesta assentada, também indeferindo a liminar, asseverou que a Lei nº 9.637/98 institui um programa de publicização de atividades e serviços não exclusivos do Estado, transferindo-os para a gestão desburocratizada a cargo de entidades de caráter privado e, portanto, submetendo-os a um regime mais flexível, dinâmico e eficiente. Ressaltou que a busca da eficiência dos resultados, mediante a flexibilização de procedimentos, justifica a implementação de um regime especial, regido por regras que respondem a racionalidades próprias do direito público e do direito privado. Registrou, ademais, que esse modelo de gestão pública tem sido adotado por diversos Estados-membros e que as experiências demonstram que a Reforma da Administração Pública tem avançado de forma promissora. Acompanharam os fundamentos acrescentados pelo Min. Gilmar Mendes os Ministros Celso de Mello e Sepúlveda Pertence. O Min. Eros Grau, tendo em conta a força dos fatos e da realidade trazida no voto do Min. Gilmar Mendes, mas sem aderir às razões de mérito deste, reformulou o voto proferido na sessão de 02.02.2007. Vencidos o Min. Joaquim Barbosa, que deferia a cautelar para suspender a eficácia dos artigos 5º, 11 a 15, e 20 da Lei nº 9.637/98, e do inc. XXIV do art. 24 da Lei nº 8.666/93, com a redação dada pelo art. 1º da Lei nº 9.648/98; o Min. Marco Aurélio, que também deferia a cautelar para suspender os efeitos dos artigos 1º, 5º, 11 a 15, 17 e 20 da Lei nº 9.637/98, bem como do inc. XXIV do art. 24 da Lei nº 8.666/93, na redação do art. 1º da Lei nº 9.648/98; e o Min. Ricardo Lewandowski, que deferia a cautelar somente com relação ao inc. XXIV do art. 24 da Lei nº 8.666/93, na redação do art. 1º da Lei nº 9.648/98. (ADI 1923 MC/DF, rel. orig. Min. Ilmar Galvão, rel. p/ o acórdão Min. Eros Grau, 1º.8.2007).

Como afirma Fernando Borges Mânica, "a partir de uma reforma na estrutura do Estado Social, ele deixou de executar através de seu próprio aparato numerosas atividades econômicas e sociais, e passou a fomentar a prestação de atividades de interesse social por entidades privadas".[33]

Tais parâmetros, frise-se, constavam do texto original da Constituição de 1988, cuja organização dos serviços públicos de saúde prevê da maneira extensiva a *participação da comunidade* (art. 198, inc. III), definida pela Organização Pan-Americana de Saúde como "um processo através do qual os membros da comunidade participam dos programas ou atividades que estão sendo conduzidas para o interesse comunitário".[34]

Não se trata, pois, de política de governo, mas de clara e explícita diretriz constitucional.

Eis o cenário em que ocorre o fortalecimento das parcerias entre o Estado e entidades privadas e, em especial, com aquelas sem fins lucrativos, para fins de atuação colaborativa na prestação de serviços de saúde no âmbito do SUS.

Aliás, na área da saúde, tais parcerias têm especial relevo, sendo uma realidade na maioria dos municípios brasileiros, uma vez que estes encontram dificuldades, especialmente de ordem financeira, para a execução direta, eficiente e adequada de suas atribuições.

Ademais, a atuação do Terceiro Setor no setor de saúde é muito antiga, conforme aponta Gustavo Justino de Oliveira, ao afirmar

---

[33] MÂNICA. *Terceiro setor e imunidade tributária*: teoria e prática, p. 38-39.
[34] Apud RODRIGUES FILHO. Participação comunitária e descentralização dos serviços de saúde. *Revista de Administração Pública*, v. 26, n. 3, p. 124. Relevantes considerações faz o autor, ao colocar em destaque que "mesmo considerando que a municipalização dos serviços de saúde faz parte das conquistas dos movimentos progressistas do País, é necessário compreender que os meios para a descentralização desses serviços, com a participação comunitária, são vagarosos e de difícil implementação. (...) Estruturas conservadoras e corporativistas não irão promover participação comunitária, caso não haja uma reorientação da prática profissional e um reexame do processo de treinamento dos profissionais de saúde" (Participação comunitária e descentralização dos serviços de saúde. *Revista de Administração Pública*, v. 26, n. 3, p. 120).

que "a fundação da Santa Casa de Misericórdia de Santos em 1543, representa a certidão de nascimento do Terceiro Setor no Brasil, no sentido de marcar a atuação, em nosso país, de organizações privadas não lucrativas na consecução de atividades qualificadas como de interesse público ou de relevância pública".[35]

Com relação às políticas públicas em que estão inseridos os agentes comunitários de saúde e agentes de combate às endemias, a situação não é diferente. Muitas parcerias foram realizadas entre o Poder Público e entidades da sociedade civil, como bem assinala Lenir Santos:

> Em razão do caráter programático da atividade e a forma de transferência de recursos, os Municípios, incentivados pelo próprio Ministério da Saúde, passaram a contratar esses profissionais de forma temporária ou mediante convênios e parcerias com entidades privadas (...).[36]

Uma vez que a parceria com entidades do terceiro setor é uma possibilidade constitucional e legalmente conferida ao gestor municipal para a consecução de suas obrigações na área da saúde, pode ele, dentre todos os meios dispostos no ordenamento jurídico, por ela optar, visando solucionar os problemas municipais de saúde.

A doutrina especializada reforça o entendimento ora colocado em relevo.

A Procuradora da República Luiza Cristina Fonseca Frischeisen sustenta:

> A constitucionalização dos direitos sociais passa a implicar no direito dos cidadãos de cobrar do Estado a implementação de tais direitos e o dever da administração de implementar políticas públicas nesse sentido. Evidentemente que esse papel do Estado pode ser feito diretamente pela administração ou através de múltiplos mecanismos de regulação e fiscalização das relações

---

[35] OLIVEIRA. Direito do terceiro setor. *Revista de Direito do Terceiro Setor – RDTS*, v. 1, n. 1, p. 23.
[36] SANTOS. A Emenda Constitucional nº 51/06 e os agentes comunitários de saúde. *Boletim de Direito Administrativo*, v. 22, n. 11, p. 1264.

econômicas e sociais existentes em determinada sociedade. As políticas públicas demandam principalmente o gerenciamento pelo Estado, podendo sua implementação ser feita em parcerias com a sociedade civil.[37]

Andreas J. Krell utiliza-se do mesmo raciocínio, aplicando-o ao campo da saúde pública:

> A qualidade dos serviços preventivos e curativos de saúde por parte de muitos municípios e estados depende do fornecimento de remédios, vagas e leitos nos pronto-socorros e hospitais, da contratação de médicos especializados, de enfermeiros suficientes, etc. Apesar dos respeitáveis esforços no exercício de um controle social efetivo sobre a gestão do sistema através dos Conselhos e Conferências Locais de Saúde, os problemas do SUS têm as suas principais causas na falta de controle operacional e abusos por parte dos seus integrantes (fabricantes de remédios, médicos, hospitais, laboratórios, farmácias) e, sobretudo, do montante não suficiente de recursos públicos destinados para essa área.
>
> Face à realidade do mau funcionamento destes serviços essenciais para o bem-estar da população, devem ser adotadas políticas públicas protetivas de determinadas categorias sociais marginalizadas e economicamente excluídas. Entretanto, as políticas públicas demandam principalmente o gerenciamento pelo Estado, podendo sua implementação ser realizada em parcerias com a sociedade civil.
>
> Um esforço recente para melhorar esse quadro representa a tentativa de integração das chamadas Organizações da Sociedade Civil de Interesse Público (pessoas jurídicas de direito privado, sem fins lucrativos) na prestação dos serviços públicos nas áreas da assistência social, da cultura, da educação, da saúde e da segurança alimentar mediante a execução direta de projetos, programas, planos e ações correlatas, por meio de doações de recursos físicos, humanos e financeiros. No entanto, surgem dúvidas a respeito da existência, adesão e preparação técnica dessas entidades da sociedade civil nas diversas regiões do país. Certamente as mesmas apenas poderão assistir e apoiar o Poder Público no cumprimento de suas tarefas sociais básicas.[38]

---

[37] FRISCHEISEN. *Políticas públicas*: a responsabilidade do administrador e o Ministério Público, p. 109-110.

[38] KRELL. *Direitos sociais e controle judicial no Brasil e na Alemanha*: os (des)caminhos de um direito constitucional "comparado", p. 34-35.

Na mesma direção, segundo Daniel Becker:

Assim, além da pressão de grupos pela extensão do atendimento e pela incorporação de direitos, algumas das formas de atuação de ONGs no setor de saúde são, entre outras:
- Fortalecimento e educação de Grupos de Usuários: pacientes e familiares em Saúde Mental; usuários do SUS e Planos Privados; grupos de apoio, como o Alcoólicos Anônimos;
- Associações de pacientes e familiares de doenças crônicas: diabetes, anemia facilforme, Mal de Alzheimer, ostomizados, e muitos outros;
- Representação e defesa (*advocacy*) de grupos diversos (socialmente "invisíveis"): portadores do HIV, hanseníase, trabalhadores do sexo, crianças desnutridas, pessoas com necessidades especiais, comunidades empobrecidas;
- Programas Assistências: asilos, ambulatórios, hospitais, apoio à famílias de pacientes internados;
- Grupos de assessoria técnica e pesquisa em saúde, geralmente compostos por profissionais de saúde que prestam serviços a órgãos públicos e agências internacionais;
- Associações profissionais, envolvidas em campanhas educativas, formação e educação continuada, pressão sobre políticas públicas ou defesa de interesses de associados;
- Organizações e redes que atuam propondo e promovendo inovações nas Políticas Públicas: Educação Popular em Saúde, Programa Saúde da Família, Promoção da Saúde; Cidades Saudáveis e outros programas.[39]

Arremata o autor que "a promoção da saúde orienta-se pelos princípios da eqüidade, justiça e solidariedade; busca a solução dos problemas na mobilização da sociedade, trabalha com o princípio da autonomia dos indivíduos e das comunidades, e reforça o planejamento e o poder local. Portanto, na construção deste novo modelo, a ação das Organizações da Sociedade Civil (OSC) se faz essencial, ficando evidente a sua importância em todas as estratégias mencionadas".[40]

---

[39] BECKER. Organização da sociedade civil e políticas públicas em saúde. In: GARCIA; LANDIM; DAHMER (Org.). *Sociedade & políticas*: novos debates entre ONGs e universidade, p. 118-119.

[40] BECKER. Organização da sociedade civil e políticas públicas em saúde. In: GARCIA; LANDIM; DAHMER (Org.). *Sociedade & políticas*: novos debates entre ONGs e universidade, p. 128.

No sentido de admitir parcerias com entes do terceiro setor com vistas à adequada realização de ações e prestação de serviços públicos de saúde, vem caminhando a jurisprudência pátria, conforme se extrai da decisão proferida pelo Tribunal Regional Federal da 5ª Região, nos autos de Agravo Regimental em Suspensão de Segurança nº 6.553/01. Ao relatar o *decisum*, afirmou o desembargador federal Francisco Cavalcanti:

> 3. *O Estado é obrigado a garantir a todos o acesso à saúde, prestando os correlatos serviços diretamente ou através de terceiros, sejam pessoas jurídicas de direito privado sem fins lucrativos (terceiro setor), eventualmente subsidiadas com recursos estatais, sejam particulares, que, desempenhando sua atividade profissional mediante remuneração, sejam ressarcidos pelo erário público, por sua atuação complementar integradora.*
>
> 4. Dos arts. 30 e 198 da Constituição Federal percebe-se o desiderato do legislador constituinte de atribuir aos municípios a prestação do serviço de saúde da população, em ação integrada com a União e os Estados, constituindo, assim, uma rede regionalizada e hierarquizada. Apreende-se, portanto, a propensa municipalização dos serviços de saúde e a responsabilização dos municípios pela gestão de um sistema que atenda, com integralidade, à demanda dos munícipes pela assistência à saúde.
>
> 5. Orientação de idêntica índole expediu a Lei nº 8.080/90, a qual trata das condições para a promoção, proteção e recuperação da saúde, a organização e o funcionamento dos serviços correspondentes, destacando que o Estado (em sentido amplo – União, Estados e Municípios) prestador das ações e serviços públicos de saúde deve observar os princípios da *universalidade de acesso aos serviços de saúde em todos os níveis de assistência; da integralidade de assistência;* da preservação da autonomia das pessoas na defesa de sua integridade física e moral; da igualdade da assistência à saúde; do direito à informação; da divulgação de informações quanto ao potencial dos serviços de saúde e a sua utilização; da utilização da epidemiologia para o estabelecimento de prioridades, da alocação de recursos e a orientação programática; *da participação da comunidade;* da descentralização político-administrativa, com direção única em cada esfera de governo, enfatizando-se a descentralização dos serviços para os municípios e

a regionalização e hierarquização da rede de serviços de saúde; da integração em nível executivo das ações de saúde, meio ambiente e saneamento básico; da conjugação dos recursos financeiros, tecnológicos, materiais e humanos da União, dos Estados, do Distrito Federal e dos Municípios na prestação de serviços de assistência à saúde da população; *da capacidade de resolução dos serviços em todos os níveis de assistência*; e da organização dos serviços públicos de modo a evitar duplicidade de meios para fins idênticos.[41] (grifos nossos)

Denúncias de irregularidades na celebração de parcerias com entidades privadas não lucrativas, para fins de implementação do Programa Saúde da Família (PSF), podem explicar a decisão tomada pelo Presidente da República ao editar a MP nº 297/06. Todavia, insta ressaltar que, ainda que verídicas, tais situações patológicas deveriam ser reprimidas por meio dos órgãos de fiscalização competentes e das medidas jurídicas cabíveis, e jamais justificar a edição de um aparato legislativo em flagrante ofensa aos ditames constitucionais. Tal explicação revela casuísmo nocivo e não afasta a manifesta inconstitucionalidade da medida.

Se a própria Lei Maior autoriza e incentiva as parcerias no âmbito do SUS, há veemente contradição em se editar uma medida provisória ou uma lei ordinária que estabeleça situação impeditiva às parcerias para a execução de programas do SUS.

Ora, por ser a Constituição da República norma hierarquicamente superior às demais leis, é inadmissível eventual prevalência de lei que a afronte. Afinal, como sintetizou Luís Roberto Barroso:

> Toda interpretação constitucional se assenta no pressuposto de superioridade jurídica da Constituição sobre os demais atos normativos no âmbito do Estado. Por força da supremacia constitucional, nenhum ato jurídico, nenhuma manifestação de vontade pode subsistir validamente se for incompatível com a

---

[41] AgRg na Suspensão de Segurança 6.553/01. Processo 20060500008567801. Tribunal 5ª Região/SE. Órgão Julgador: Presidência. Relator: Desembargador Federal Francisco Cavalcanti. Data da decisão: 7.6.2006. *DJ*, 21 jun. 2006.

Lei Fundamental. (...) E as normas editadas posteriormente à sua vigência, se contravierem os seus termos, devem ser declaradas nulas.[42]

Como já aventado, o §4º do art. 198 da Constituição oferece ao administrador público a prerrogativa de contratar de forma direta os agentes comunitários de saúde e agentes de combate às endemias, mediante processo seletivo público. Porém, outras formas de atuação desses profissionais não estão excluídas, e aí se incluem as parcerias com entidades sem fins lucrativos.

A vedação trazida pela Lei Federal nº 11.350/06, em seus artigos 2º e 16, ameaça a execução do Programa Saúde da Família (PSF), pois, sem qualquer fundamento, tal ato legislativo fecha a porta constitucional que possibilita a atuação complementar da iniciativa privada no SUS, ou mesmo faz letra morta da diretriz constitucional fomentadora da participação comunitária no âmbito do SUS.

Nesse passo, em consonância com tudo o que foi acima aduzido, por configurar óbice ao acesso igualitário e universal aos serviços de saúde, os artigos 2º e 16 da Lei Federal nº 11.350/06, afrontam o disposto no art. 1º, inc. III; no art. 5º, *caput*; e, especialmente, ao art. 196 da Constituição Federal. Além disso, a vedação à participação da iniciativa privada no setor público de saúde em caráter complementar ao SUS configura estampada violação aos preceitos contidos nos artigos 197, 198, inc. III, e 199, §1º, da Constituição da República.

Mais do que isso, referidos dispositivos legais, ao restringirem a possibilidade do administrador em estabelecer vínculo de cooperação com entidades sem fins lucrativos para a prestação de serviços de saúde relacionados à atuação dos agentes comunitários de saúde e dos agentes de combate às endemias, engessou a atuação do administrador público e vilipendiou a autonomia municipal.

Conforme afirma Diogo Figueiredo Moreira Neto, ao tratar das características da Administração Pública contemporânea:

---

[42] BARROSO. *Interpretação e aplicação da Constituição*: fundamentos de uma dogmática constitucional transformadora, p. 161.

Resulta evidente, pois, que, nessas novas circunstâncias, dificilmente pode caber à lei estabelecer tipos contratuais rígidos, tal como ocorria no passado, senão que, tendo em vista as multiplicadas finalidades específicas a que se destinam tais contratos, torna-se inconveniente, inútil ou, pelo menos, problemático, que o legislador se substitua ao administrador para impor-lhe genericamente rígidas cláusulas contratuais, sem atentar para as características casuísticas de cada avença.[43]

A situação descrita por Moreira Neto, quanto ao desconhecimento de relevantes situações fáticas e de preceitos constitucionais por parte do legislador, é exatamente o que ocorreu com a edição da supracitada Lei.

O legislador federal ocupou a posição do legislador municipal e do administrador público, interferindo na autonomia política e administrativa de que os entes da Federação são titulares, e invadindo a competência estritamente municipal para tratar de assuntos de interesse local e para organizar a prestação de serviços públicos.

Entende-se que, a partir das bases constitucionais vinculadas à saúde, não há como afastar que a opção pela contratação direta ou pela celebração de parceria para a realização de ações e prestação de serviços públicos de saúde depende da condição específica do ente público municipal e, especialmente, da organização da comunidade local.

Ao tratar da autonomia municipal, Regina Maria Nery Ferrari, afirma que esta representa a capacidade de auto-organização, auto-governo, auto-legislação e auto-administração, caracterizando a autonomia política, normativa, administrativa e financeira. Nas palavras da autora:

> Aprofundando e organizando esta matéria do ponto de vista do interesse local e cumprindo disposição da Constituição Federal, o Município se movimentará e se auto-administrará, pois nela estará

---

[43] MOREIRA NETO. Políticas públicas e parcerias: juridicidade, flexibilidade negocial e tipicidade na administração consensual. *Revista de Direito do Estado – RDE*, n. 1, p. 108.

delimitada toda a sua atividade administrativa, permitindo-lhe organizar e prestar, diretamente ou sob o regime de concessão ou permissão, os serviços de interesse local.[44]

Na mesma direção, Ubirajara Costódio Filho consignou:

> Daí que a autonomia do Município deve ser entendida como a sua prerrogativa, atribuída pelo texto constitucional, de legislar, governar e administrar a comunidade local, sem estar obrigado a consultar e acatar a vontade dos outros membros da Federação, dentro dos limites fixados na Constituição Federal.
>
> Bem entendidas essas colocações preliminares, fica fácil perceber que autonomia municipal, no modelo federal brasileiro, nada mais é do que a possibilidade de os Municípios se autodeterminarem a respeito de dados assuntos, consoante disposto na CF/88.[45]

Destarte, resta claro que os artigos 2º e 16 da Lei Federal nº 11.350/06, invadiram a competência municipal, ao estabelecer a proibição e/ou restrição de parcerias nos programas de saúde.

Tal invasão configura atentado ao princípio federativo, acolhido em diversas passagens do Texto Constitucional, e alçado à condição de cláusula pétrea, pelo art. 60, §4º, inc. I. Afinal, a competência para definir a possibilidade, os critérios e os requisitos para a celebração de parcerias no âmbito da saúde, observados os ditames constitucionais, é única e exclusiva do Município.

Note-se que o efeito prático da Lei Federal nº 11.350/06, sem nenhuma dúvida, será o de impedir parcerias em área essencial, frágil e sensível, na qual esta forma de atuação colaborativa entre Poder Público e sociedade civil é imprescindível. As parcerias com entidades do terceiro setor sempre tiveram enorme importância no âmbito municipal, sendo utilizadas como mecanismo constitucionalmente previsto para compensar a falta de estrutura e de recursos financeiros, além de propiciar uma melhor prestação dos serviços de saúde.

---

[44] FERRARI. *Direito municipal*, p. 88.
[45] COSTÓDIO FILHO. *As competências do município na Constituição federal de 1988*, p. 33.

Ainda, obrigará os municípios, já carentes de recursos — ante o menor valor que recebem no momento da repartição de receitas e a enorme gama de serviços que devem prestar — a realizar contratações diretas, mediante processo seletivo.[46] É importante ressaltar que quando da criação do Sistema Único de Saúde, houve um movimento de descentralização da prestação de serviços. Isso resultou num extenso leque de competências para os Municípios, que se tornaram entes federativos sobrecarregados. A descentralização foi positiva para a população, já que o gestor municipal conhece plenamente a realidade local, facilitando e aprimorando a atuação no setor de saúde.

No entanto, esse movimento não foi acompanhado dos recursos necessários para a execução de todas as atribuições, vez que a maior parte dos recursos arrecadados no Brasil permanece com a União. Para poder executar todas as suas tarefas, os Municípios são hoje os maiores empregadores da força de trabalho na área da Saúde.[47] Para se ter noção do exposto, conforme dados do IBGE:

Empregos públicos em saúde

Ente Federativo	1980		2003	
	Quantidade	Percentual	Quantidade	Percentual
Municipal	43.086	16,2	997.137	68,8
Estadual	109.573	41,2	345.926	23,9
Federal	113.297	42,6	105.686	7,3

Fonte: AMS/IBGE – 1980 - 2005

---

[46] Diversos municípios brasileiros editaram suas legislações locais, disciplinando o comando constitucional previsto no art. 198, §4º, da Lei Maior. Exemplificando, é possível elencar: Município de Itatiba/SP, Lei Municipal nº 3.919, de 5 de outubro de 2006; Município de Veranópolis/RS, Lei Municipal nº 4.911, de 25 de outubro de 2006; Município de Tangará da Serra/MT, Lei Municipal nº 2.643, de 12 de dezembro de 2006; Município de Iporá/GO, Lei Municipal nº 1.260, de 27 de dezembro de 2006; Município de Ribeirão das Neves/MG, Lei Municipal nº 2.974, de 29 de dezembro de 2006; Município de Jataí/GO, Lei Municipal nº 2.762, de 5 de janeiro de 2007; Município de Concórdia/SC, Lei Complementar nº 479, de 9 de março de 2007; Município de Natal/RN, Lei Complementar nº 80, de 15 de março de 2007; Município de Feliz Natal/MT, Lei Municipal nº 218, de 23 de maio de 2007; Município de Contagem/MG, Lei Complementar nº 037, de 8 de junho de 2007; e Município de Nova Iguaçu/RJ, Lei Municipal nº 3.844, de 11 de junho de 2007.

[47] SILVA; SILVA. O desafio da gestão municipal em relação à contratação da força de trabalho em saúde. *Divulgação em saúde para debate*, n. 40, p. 7-13.

Por esses motivos, a maior parte dos Municípios efetua o mais elevado gasto com pessoal possível ante as imposições da Lei Complementar nº 101/00, conhecida como Lei Responsabilidade Fiscal. Essa lei, que teve a valorosa intenção de impor controle aos gastos públicos, aliada ao total desacerto dos artigos 2º e 16, da Lei Federal nº 11.350/06, podem inviabilizar a execução de programas importantes na área da saúde, sobretudo quando operado pelo ente municipal.

Isso porque já são muitos os empregos na saúde, o que posiciona os Municípios no limite estabelecido pela Lei de Responsabilidade Fiscal. O dever de contratar diretamente um maior número de servidores certamente inviabilizará seus orçamentos. E pior, além da falta de recursos, os gestores locais serão punidos, por descumprirem as regras previstas na Lei Complementar nº 101/2000.

Mas há um argumento novo, decorrente de recente decisão do STF, que reforça imensamente a interpretação que deve ser conferida ao texto da EC nº 51/06.

O STF deferiu parcialmente medida liminar em ação direta ajuizada pelo Partido dos Trabalhadores (PT), pelo Partido Democrático Trabalhista (PDT), pelo Partido Comunista do Brasil (PC do B), e pelo Partido Socialista do Brasil (PSB), para suspender a vigência do art. 39, *caput*, da Constituição Federal, com a redação que lhe foi dada pela Emenda Constitucional nº 19/98 ("A União, os Estados, o Distrito Federal e os Municípios instituirão conselho de política de administração e remuneração de pessoal, integrado por servidores designados pelos respectivos Poderes"), mantida sua redação original, que dispõe sobre a instituição do regime jurídico único dos servidores públicos. Entendeu-se caracterizada a aparente violação ao §2º do art. 60 da CF ("A proposta será discutida e votada em cada Casa do Congresso Nacional, em dois turnos, considerando-se aprovada se obtiver, em ambos, três quintos dos votos dos respectivos membros"), uma vez que o Plenário da Câmara dos Deputados mantivera, em primeiro turno, a redação original do *caput* do art. 39, e a comissão especial, incumbida de dar nova redação à proposta de emenda constitucional, suprimira o dispositivo, colocando, em seu lugar, a norma relativa ao §2º, que havia sido aprovada em primeiro turno. Esclareceu-se que a decisão terá efeitos *ex nunc*, subsistindo a legislação editada nos termos da emenda declarada suspensa (ADI 2135 MC/DF, rel. orig. Min. Néri da Silveira, rel. p/ o acórdão Min. Ellen Gracie, 02.8.2006).

Diante desta decisão, a própria constitucionalidade de instituição, pelos entes federativos, de contratação de empregados públicos, pela via celetista, pode ser atualmente compreendida como inconstitucional. Assim, restaria à Municipalidade, para viabilizar a contratação de agentes comunitários de saúde e de agentes de combate às endemias, unicamente, a criação de cargos públicos, sob o regime estatutário, fato que provocaria maiores danos aos já combalidos cofres municipais.

Em síntese, os artigos 2º e 16 da Lei Federal nº 11.350/06: (i) invadem a autonomia municipal; (ii) vedam a participação privada complementar e comunitária nas atividades dos agentes comunitários de saúde e agentes de combate às endemias; e (iii) inviabilizam o acesso igualitário e universal à saúde.

2.4.1 Medidas judiciais a serem tomadas, visando provocar a declaração de inconstitucionalidade dos artigos 2º e 16 da Lei Federal nº 11.350/06

Em face da manifesta afronta perpetrada pela Lei Federal nº 11.350/06 em face da Constituição Federal, em seus artigos 2º e 16, ao impedir o Poder Público de firmar parcerias para a prestação dos serviços por agentes comunitários de saúde e por agentes de combate às endemias, deve ser buscada a declaração de inconstitucionalidade dos referidos dispositivos legais.

Esta providência tanto pode ser buscada pelo controle difuso ou incidental quanto pela via do controle direto ou concentrado.

No primeiro caso, na hipótese de impugnação judicial de parcerias celebradas em desatendimento à Lei Federal nº 11.350/06, cumpre aos entes municipais sustentar, em suas defesas, a inconstitucionalidade de referidos dispositivos. Nesse caso, o Poder Judiciário deverá declarar a inconstitucionalidade dos artigos 2º e 16 do ato legislativo em questão, reconhecendo a validade da parceria.

No segundo caso tem-se a declaração de inconstitucionalidade das regras indigitadas pela via concentrada do controle de constitucionalidade, advinda de decisão favorável do Supremo Tribunal Federal em Ação Direta de Inconstitucionalidade (ADIn). Os efeitos da declaração de inconstitucionalidade decorrentes da propositura de ADIn são amplos, de modo que, quando declarada inconstitucional pelo STF, a regra perde vigência em todo o território nacional, sendo excluída do ordenamento jurídico.

O rol de legitimados para a propositura da referida ação se encontram no art. 103 da Lei Maior.[48] Exemplificativamente, os Municípios podem sugerir a propositura de Ação Direta de Inconstitucionalidade contra dispositivos da Lei Federal nº 11.350/06, a qualquer partido político com representação no Congresso, ou mesmo outro legitimado listado no art. 103 da Lei Maior, para que este promova a demanda perante o Supremo Tribunal Federal.

Uma vez declarada a inconstitucionalidade da norma pelo STF, ela perde sua vigência e eficácia. No presente caso, deixa de existir o dever de contratação direta de agentes comunitários de saúde pelo município, retornando-se à situação vigente anteriormente à Lei Federal nº 11.350/06.

Ressalte-se que, se a intenção do Presidente da República, ao editar a MP que deu origem à Lei nº 11.350/06 foi a de evitar meras intermediações de mão-de-obra, configuradas como terceirização ilegal, o caminho escolhido levou ao destino da inconstitucionalidade.

É competência da União, por meio de norma nacional, editar normas gerais acerca da celebração de contratos para a prestação deste ou daquele serviço público, nos termos do art. 22, inc. XXVII e especificamente em relação à saúde, do art. 24, inc. XII,

---

[48] "Art. 103. Podem propor a ação direta de inconstitucionalidade e ação declaratória de constitucionalidade: I - o Presidente da República; II - a Mesa do Senado Federal; III - a Mesa da Câmara dos Deputados; IV - a Mesa de Assembléia Legislativa ou da Câmara Legislativa do Distrito Federal; V - o Governador de Estado ou do Distrito Federal; VI - o Procurador-Geral da República; VII - o Conselho Federal da Ordem dos Advogados do Brasil; VIII - partido político com representação no Congresso Nacional; IX - confederação sindical ou entidade de classe no âmbito nacional."

da Constituição de 1988. Não obstante, seja no exercício de tal competência para editar normas gerais, seja na regulamentação do novo §5º do art. 198 da CF/88, não se admite qualquer Lei Federal que tenda a atacar, vedar, ou mesmo abolir, a garantia de acesso igualitário e universal à saúde, nos termos da ordem constitucional que estrutura a prestação dos serviços públicos de saúde.

2.5 Constitucionalidade dos projetos de lei nº 7.495/06 e nº 298/07, que pretendem modificar parcialmente a Lei Federal nº 11.350/06

Com vistas à integração infraconstitucional dos preceitos acrescidos ao Texto Constitucional pela EC nº 51/06, referentemente à admissão de agentes comunitários de saúde e de agentes de combate às endemias, foram apresentados dois projetos de lei; um, no Senado Federal, e outro, na Câmara dos Deputados.

São eles o Projeto de Lei nº 7.495/06, do Senado Federal, e o Projeto de Lei nº 298/07, da Câmara dos Deputados, que se encontra apensado ao primeiro.

Ambos os projetos conferem tratamento mais preciso à disciplina dos agentes de saúde referidos, se comparados à disciplina conferida pela vigente Lei Federal nº 11.350/06, e não possuem os vícios de constitucionalidade presentes nesta lei.

2.5.1 O Projeto de Lei nº 7.495/06, do Senado Federal

O Projeto de Lei nº 7.495/06, procurar conferir nova regulamentação ao §5º do art. 198, da Constituição da República, inserido na Lei Maior pela EC nº 51/06. Além de ser bastante específico quanto às atribuições dos agentes comunitários de saúde e dos agentes de combate às endemias, e tratar dos requisitos essenciais desses profissionais, esclarece a controvertida questão relativas à participação privada nesse âmbito.

Com redação praticamente idêntica à já citada Lei nº 11.350/06, a inovação do projeto de lei sob análise, faz-se presente em seu art. 2º, que menciona expressamente a atuação privada no Sistema

Único de Saúde, inclusive — e especificamente — na esfera dos agentes comunitários de saúde e dos agentes de combate às endemias:

> Art. 2º. O exercício das atividades de Agente Comunitário de Saúde e de Agente de Combate às Endemias, nos termos desta Lei, dar-se-á exclusivamente no âmbito do Sistema Único de Saúde – SUS, na execução das atividades de responsabilidade dos entes federados, mediante vínculo direto entre os referidos agentes e órgão ou entidade da administração direta, autárquica ou fundacional, *salvo o disposto no §1º do art. 199 da Constituição Federal.* (grifos nossos)

Ressalte-se que o parágrafo primeiro do art. 199 da Constituição da República, acima analisado, permite às instituições privadas participarem de forma complementar do sistema único de saúde, segundo diretrizes deste.

No projeto de lei ora examinado, o legislador reconheceu eventual necessidade de a Administração Pública utilizar-se do apoio da capacidade instalada da iniciativa privada, para a consecução de seu objetivo maior que é a efetivação do direito fundamental à saúde. Reconheceu a realidade fática de que nem sempre o Poder Público, ante todas as obrigações e prestações de que é titular, será capaz de assumir novos deveres, se que isso não resulte em prejuízo do atendimento de compromissos constitucionais. Reconheceu o projeto de lei, enfim, a estrutura constitucional da saúde e a divisão de competência entre os entes políticos.

Outro dispositivo do Projeto de Lei em análise que merece ser examinado nesse momento é o seu art. 14 (também constante da Lei nº 11.350/06), tal dispositivo assim dispõe:

> Art. 14. Fica vedada a contratação temporária ou terceirizada de agentes comunitários de saúde e de agentes de combate às endemias, salvo na hipótese de combate a epidemias, na forma da lei aplicável.

É necessário observar que o dispositivo transcrito proíbe a terceirização e a contratação temporária dos agentes comunitários de saúde e de Combate às Endemias. Ainda, é imperioso esclarecer que a atuação privada junto ao Sistema Único de Saúde não se identifica como uma terceirização ilegal, pois trata-se de participação complementar constitucionalmente prevista. Importa ter claro que a delegação para terceiros da realização de ações e da prestação de serviços de saúde não implica *per si* inconstitucionalidade por omissão de exercício material da referida competência.

Nessa perspectiva, a previsão legal acima colacionada é louvável, pois busca vedar eventuais desvirtuamentos na celebração de parcerias para a prestação de atividades relacionadas aos programas de saúde da família e de agentes comunitários.

2.5.2 O Projeto de Lei nº 298/07, da Câmara dos Deputados

De acordo com a interpretação adotada para a construção das regras trazidas pela EC nº 51/06, o Projeto de Lei nº 298/07 não veda a atuação de entes privado no âmbito dos profissionais integrantes do Programa Saúde da Família. Tal projeto de lei somente se detém a disciplinar a contratação direta de agentes comunitários de saúde e de agentes de combate às endemias, dando o tratamento nos limites do que dispõe o §4º do art. 198 da Constituição de 1988, acrescido pela EC nº 51/06.

Dispõe o art. 1º do Projeto de Lei:

Art. 1º Esta Lei dispõe sobre o regime jurídico e a regulamentação das atividades de Agente Comunitário de Saúde e Agente de Combate às Endemias, na forma do §5º do art. 198 da Constituição Federal.
Parágrafo único. A partir da promulgação da Emenda Constitucional nº 51, de 2006, e ressalvado o disposto no art. 7º, os agentes comunitários de saúde e os agentes de combate às endemias *somente poderão ser admitidos diretamente pelos Estados, pelo Distrito Federal ou pelos Municípios na forma do disposto nesta Lei, observado o limite de gasto estabelecido na Lei Complementar nº 101, de 4 de maio de 2000.* (grifos nossos)

O dispositivo acima assevera que a possibilidade de contratação direta dos agentes comunitários de saúde e de combate às endemias pelos entes públicos está diretamente vinculada à observância dos limites impostos pela Lei de Responsabilidade Fiscal. Se a admissão desses profissionais pelo gestor público representar afronta aos imperativos da Lei Complementar nº 101/00, ele não deverá realizá-la. Contudo, em tal hipótese, restaria a possibilidade de atuação privada complementar.

Também merece atenção o texto do art. 2º do Projeto de Lei ora examinado, que assim dispõe:

> Art. 2º. Submetem-se *os agentes comunitários de saúde e os agentes de combate às endemias admitidos pelos gestores locais do Sistema Único de Saúde (SUS) na forma do disposto no §4º do art. 198 da Constituição Federal ao regime jurídico aplicado aos servidores da área de saúde do respectivo ente*, observado o disposto nesta Lei.
> Parágrafo único. Os agentes comunitários de saúde e os agentes de combate às endemias admitidos na forma do *caput* exercerão as suas atividades exclusivamente no âmbito do SUS. (grifos nossos)

Denota-se da leitura do artigo indigitado que estão submetidos ao regime jurídico aplicado aos servidores da área de saúde aqueles agentes que forem contratados de forma direta pelo Poder Público, ou seja, na forma do §4º do art. 198 da Constituição da República.

2.5.3 Perspectivas da nova tutela das atividades de Agente Comunitário de Saúde e de Agente de Combate às Endemias, propostas nos projetos de lei nº 7.495/06 e nº 289/07

Os projetos de lei nº 7.495/06 e nº 289/07 trazem perspectivas positivas à disciplina legal relativa ao exercício da profissão de agentes comunitários de saúde e de Combate às Endemias.

Ambos, e em especial o Projeto nº 7.495/06, conferem tratamento mais adequado à matéria, do que aquele que lhe foi atribuído pela atual Lei Federal nº 11.350/06. As inconstitucionalidades presentes nos artigos 2º e 16 da lei assinalada — em especial no art. 2º, que impõe à Administração Pública a contratação direta dos profissionais do Programa Saúde da Família como única modalidade possível de admissão desses profissionais — não são perpetuadas em nenhum dos projetos de lei examinados.

Conclusões

Nos termos do que foi acima exposto, pode-se concluir que:
1 O Sistema Constitucional da Saúde Pública, mesmo após a Emenda Constitucional nº 51/06, continua a prever a participação privada complementar na realização de ações e na prestação de serviços públicos de saúde no âmbito do SUS.

2 As atividades dos agentes comunitários de saúde e dos agentes de combate às endemias são passíveis de prestação, em caráter complementar, por meio de parcerias com a iniciativa privada, desde que atendidos os requisitos constitucionais e legais, em especial aqueles do art. 24 da Lei nº 8.080/90.

3 O vínculo com a iniciativa privada para realização de ações e prestação de serviços públicos de saúde no âmbito do SUS pode ser instrumentalizado, conforme o caso concreto, por contrato administrativo, convênio, contrato de gestão ou termo de parceria, mediante regular procedimento de escolha que garanta igualdade de oportunidade aos interessados e possibilidade de melhor escolha pela Administração Pública.

4 A Lei Federal nº 11.350/06, em seu art. 2º, ao vedar a prestação de serviços públicos de saúde por agentes comunitários e agentes de combate às endemias, com exceção da contratação direta pelo Poder Público, incide em inconstitucionalidade manifesta, por afronta:
   a) ao preceito constante do art. 1º, inc. III, da Constituição da República – princípio da dignidade da pessoa humana;
   b) ao preceito constante do art. 5º, *caput*, da Constituição da República – direito fundamental à vida;
   c) ao preceito constante do art. 6º, *caput*, da Constituição da República – direito fundamental à saúde;
   d) ao preceito constante do art. 5º, *caput*, da Constituição da República – direito fundamental à saúde;

e) ao preceito constante do art. 196 da Constituição da República – garantia ao acesso igualitário e universal às ações e serviços de saúde;
f) ao preceito constante do art. 197 da Constituição da República – possibilidade de execução dos serviços de saúde de através de terceiros;
g) ao preceito constante do art. 198, inc. III, da Constituição da República – possibilidade de participação da comunidade nas ações e serviços públicos de saúde;
h) ao preceito constante do art. 199, §1º, da Constituição da República – possibilidade participação complementar da iniciativa privada na privada no sistema único de saúde;
i) ao preceito constante do art. 18, *caput*; art. 29, *caput*; e art. 30, incisos I, V e VII, todos da Constituição da República – princípio federativo e competência municipal para legislar sobre assuntos de interesse local, organizar os serviços públicos e prestar o atendimento à saúde da população.

5 O Projeto de Lei nº 7.495/06, dotado de redação semelhante ao da Lei nº 11.350/06, apresenta correção ao vício de inconstitucionalidade desta, ao prever expressamente em seu art. 2º a possibilidade de participação complementar da iniciativa privada no âmbito das atividades dos agentes comunitários de saúde e dos Agentes de Combates às Endemias; já o Projeto de Lei nº 298/07, regulamenta apenas a contratação direta dos agentes referidos, de modo que, mesmo sem manifestação expressa, admite a participação privada complementar na prestação de tais atividades.

6 A declaração de inconstitucionalidade dos dispositivos constantes do art. 2º e do art. 16 da Lei Federal nº 11.350/06 pode ser obtida pela via incidental, quando argüida incidentalmente em ação judicial que discuta a validade das parcerias para oferecimento dos serviços de saúde prestados pelos agentes comunitários de saúde e pelos agentes de combate às endemias; e pela via concentrada, por meio do ajuizamento de Ação Direta de Inconstitucionalidade perante o Supremo Tribunal Federal, por uma das pessoas legitimadas pelo art. 103 da Constituição da República.

Referências

BARROSO, Luís Roberto. *Interpretação e aplicação da Constituição*: fundamentos de uma dogmática constitucional transformadora. 5. ed. rev. atual. e ampl. São Paulo: Saraiva, 2003.

BECKER, Daniel. Organização da sociedade civil e políticas públicas em saúde. In: GARCIA, Joana; LANDIM, Leilah; DAHMER, Tatiana (Org.). *Sociedade & políticas*: novos debates entre ONGs e universidade. Rio de Janeiro: Revan, 2003. p. 117-133.

BOBBIO, Norberto. *A era dos direitos*. Tradução de Carlos Nelson Coutinho. Rio de Janeiro: Campus, 1992.

BONAVIDES, Paulo. *Curso de direito constitucional*. 13. ed. rev. e atual. São Paulo: Malheiros, 2003.

BRASIL. Ministério da Saúde. Modalidade de contratação de agentes comunitários de saúde: um pacto tripartite, Série C. *Projetos, Programas e Relatórios*, n. 69, p. 9, 2002.

BRASIL. Ministério da Saúde. Secretaria de Atenção à Saúde. Departamento de Regulação Avaliação e Controle de Sistemas. *Manual de orientações para contratação de serviços do SUS*. Brasília: Ministério da Saúde, 2007.

CANOTILHO, José Joaquim Gomes. *Direito constitucional e teoria da Constituição*. 4. ed. Coimbra: Almedina, 2000.

COSTÓDIO FILHO, Ubirajara. *As competências do município na Constituição federal de 1988*. São Paulo: C. Bastos; Instituto Brasileiro de Direito Constitucional, 2000.

FERRARI, Regina Maria Macedo Nery. *Direito municipal*. 2. ed. rev., atual. e ampl. da obra "Elementos de Direito Municipal". São Paulo: Revista dos Tribunais, 2005.

FRISCHEISEN, Luiza Cristina Fonseca. *Políticas públicas*: a responsabilidade do administrador e o Ministério Público. São Paulo: M. Limonad, 2000.

GRAU, Eros Roberto. *A ordem econômica na Constituição de 1988*: interpretação e crítica. 8. ed. rev. e atual. São Paulo: Malheiros, 2003.

GRAU, Eros Roberto. *Ensaio e discurso sobre a interpretação/aplicação do direito*. 4. ed. São Paulo: Malheiros, 2006.

KRELL, Andreas Joachim. *Direitos sociais e controle judicial no Brasil e na Alemanha*: os (des)caminhos de um direito constitucional "comparado". Porto Alegre: S.A. Fabris, 2002.

MÂNICA, Fernando Borges. *Terceiro setor e imunidade tributária*: teoria e prática. Belo Horizonte: Fórum, 2005.

MÂNICA, Fernando Borges. *Participação privada na prestação de serviços públicos de saúde*. 2009. 306 p. Tese (Doutorado) – Curso de Pós-Graduação em Direito, Universidade de São Paulo, São Paulo, 2009.

MARQUES NETO, Floriano de Azevedo. Contratação de prestadores de serviço de saúde pelo SUS: critérios de inabilitação e seleção, formas de contratação, prazos de vigência e limites de alteração dos contratos; estudos e pareceres. *Cadernos de Direito Constitucional e Ciência Política*, v. 6, n. 24, p. 197-210, jul./set. 1998.

MARQUES NETO, Floriano de Azevedo. Público e privado no setor de saúde. *Revista de Direito Público da Economia – RDPE*, v. 3, n. 9, p. 105-154, jan./mar. 2005.

MAXIMILIANO, Carlos. *Hermenêutica e aplicação do direito*. 16. ed. Rio de Janeiro: Forense, 1996.

MOREIRA NETO, Diogo de Figueiredo. Políticas públicas e parcerias: juridicidade, flexibilidade negocial e tipicidade na administração consensual. *Revista de Direito do Estado – RDE*, n. 1, p. 105-117, jan./mar. 2006.

OLIVEIRA, Gustavo Justino de. Direito do terceiro setor. *Revista de Direito do Terceiro Setor – RDTS*, v. 1, n. 1, p. 11-38, jan./jun. 2007.

OLIVEIRA, Gustavo Justino de; MÂNICA, Fernando Borges. Organizações da Sociedade Civil de Interesse Público: termo de parceria e licitação. *Boletim de Direito Administrativo*, v. 21, n. 9, p. 1010-1025, set. 2005.

PINTO, Aluízio Loureiro; DONINI, Wanderlei Garcia. O contexto institucional e operacional do setor saúde e sua relevância para o SUDS. *Revista de Administração Pública*, v. 25, n. 3, p. 139-154, jul./set. 1991.

REALE, Miguel. *Lições preliminares de direito*. 14. ed. São Paulo: Saraiva, 1987.

RODRIGUES FILHO, José. Participação comunitária e descentralização dos serviços de saúde. *Revista de Administração Pública*, v. 26, n. 3, p. 119-129, jul./set. 1992.

SANTOS, Lenir. A Emenda Constitucional nº 51/06 e os agentes comunitários de saúde. *Boletim de Direito Administrativo*, v. 22, n. 11, nov. 2006.

SANTOS, Lenir. Da contratação de serviços complementares de assistência à saúde. *Revista da Procuradoria-Geral do Estado de São Paulo*, n. 43, p. 257-269, jun. 1995.

SILVA, Elizabete Vieira Matheus da; SILVA, Silvio Fernandes da. O desafio da gestão municipal em relação à contratação da força de trabalho em saúde. *Divulgação em saúde para debate*, n. 40, p. 7-13, jun. 2007.

SILVA, José Afonso da. *Curso de direito constitucional positivo*. 22. ed. rev. e atual. nos termos da reforma constitucional (até a Emenda Constitucional n. 39, de 19.12.2002). São Paulo: Malheiros, 2003.

SILVA, Virgílio Afonso da. Interpretação constitucional e sincretismo metodológico. In: SILVA, Virgílio Afonso da (Org.). *Interpretação constitucional*. 1. ed., 2. tiragem. São Paulo: Malheiros, 2007. p. 115-143.

SUNDFELD, Carlos Ari. Limite e potencial das parcerias público-privadas. *Revista Getúlio* / Fundação Getúlio Vargas (FGV), v. 1, n. 2, p. 38-41, mar. 2007.

ANEXOS

ANEXOS

ANEXO A

Emenda Constitucional nº 51, de 14 de fevereiro de 2006

Acrescenta os §§4º, 5º e 6º ao art. 198 da Constituição Federal.

As Mesas da Câmara dos Deputados e do Senado Federal, nos termos do art. 60 da Constituição Federal, promulgam a seguinte Emenda ao texto constitucional:

Art. 1º. O art. 198 da Constituição Federal passa a vigorar acrescido dos seguintes §§4º, 5º e 6º:

"Art. 198. ....

....

§4º Os gestores locais do sistema único de saúde poderão admitir agentes comunitários de saúde e agentes de combate às endemias por meio de processo seletivo público, de acordo com a natureza e complexidade de suas atribuições e requisitos específicos para sua atuação.

§5º Lei federal disporá sobre o regime jurídico e a regulamentação das atividades de agente comunitário de saúde e agente de combate às endemias.

§6º Além das hipóteses previstas no §1º do art. 41 e no §4º do art. 169 da Constituição Federal, o servidor que exerça funções equivalentes às de agente comunitário de saúde ou de agente de combate às endemias poderá perder o cargo em caso de descumprimento dos requisitos específicos, fixados em lei, para o seu exercício." (NR)

Art 2º. Após a promulgação da presente Emenda Constitucional, os agentes comunitários de saúde e os agentes de combate às endemias somente poderão ser contratados diretamente pelos Estados, pelo Distrito Federal ou pelos Municípios na forma do §4º do art. 198 da Constituição Federal, observado o limite de gasto estabelecido na Lei Complementar de que trata o art. 169 da Constituição Federal.

Parágrafo único. Os profissionais que, na data de promulgação desta Emenda e a qualquer título, desempenharem as atividades de agente comunitário de saúde ou de agente de combate às endemias, na forma da lei, ficam dispensados de se submeter ao processo seletivo público a que se refere o §4º do art. 198 da Constituição Federal, desde que tenham sido contratados a partir de anterior processo de Seleção Pública efetuado por órgãos ou entes da administração direta ou indireta de Estado, Distrito Federal ou Município ou por outras instituições com a efetiva supervisão e autorização da administração direta dos entes da federação.

Art. 3º. Esta Emenda Constitucional entra em vigor na data da sua publicação.

Brasília, em 14 de fevereiro de 2006.

Mesa da Câmara dos Deputados

Deputado ALDO REBELO
Presidente

Deputado JOSÉ THOMAZ NONÔ
1º Vice-Presidente

Deputado CIRO NOGUEIRA
2º Vice-Presidente

Deputado INOCÊNCIO OLIVEIRA
1º Secretário

Deputado NILTON CAPIXABA
2º Secretário

Deputado JOÃO CALDAS
4º Secretário

Mesa do Senado Federal

Senador RENAN CALHEIROS
Presidente

Senador TIÃO VIANA
1º Vice-Presidente

Senador ANTERO PAES DE BARROS
2º Vice-Presidente

Senador EFRAIM MORAIS
1º Secretário

Senador PAULO OCTÁVIO
3º Secretário

Senador JOÃO ALBERTO SOUZA
2º Secretário

Senador EDUARDO SIQUEIRA CAMPOS
4º Secretário

ANEXO B
Lei nº 11.350, de 5 de outubro de 2006

Regulamenta o §5º do art. 198 da Constituição, dispõe sobre o aproveitamento de pessoal amparado pelo parágrafo único do art. 2º da Emenda Constitucional nº 51, de 14 de fevereiro de 2006, e dá outras providências.

Faço saber que o PRESIDENTE DA REPÚBLICA adotou a Medida Provisória nº 297, de 2006, que o Congresso Nacional aprovou, e eu, Renan Calheiros, Presidente da Mesa do Congresso Nacional, para os efeitos do disposto no art. 62 da Constituição Federal, com a redação dada pela Emenda Constitucional nº 32, combinado com o art. 12 da Resolução nº 1, de 2002-CN, promulgo a seguinte Lei:

Art. 1º. As atividades de Agente Comunitário de Saúde e de Agente de Combate às Endemias, passam a reger-se pelo disposto nesta Lei.

Art. 2º. O exercício das atividades de Agente Comunitário de Saúde e de Agente de Combate às Endemias, nos termos desta Lei, dar-se-á exclusivamente no âmbito do Sistema Único de Saúde – SUS, na execução das atividades de responsabilidade dos entes federados, mediante vínculo direto entre os referidos Agentes e órgão ou entidade da administração direta, autárquica ou fundacional.

Art. 3º. O Agente Comunitário de Saúde tem como atribuição o exercício de atividades de prevenção de doenças e promoção da saúde, mediante ações domiciliares ou comunitárias, individuais ou coletivas, desenvolvidas em conformidade com as diretrizes do SUS e sob supervisão do gestor municipal, distrital, estadual ou federal.

Parágrafo único. São consideradas atividades do Agente Comunitário de Saúde, na sua área de atuação:

I - a utilização de instrumentos para diagnóstico demográfico e sócio-cultural da comunidade;

II - a promoção de ações de educação para a saúde individual e coletiva;

III - o registro, para fins exclusivos de controle e planejamento das ações de saúde, de nascimentos, óbitos, doenças e outros agravos à saúde;

IV - o estímulo à participação da comunidade nas políticas públicas voltadas para a área da saúde;

V - a realização de visitas domiciliares periódicas para monitoramento de situações de risco à família; e

VI - a participação em ações que fortaleçam os elos entre o setor saúde e outras políticas que promovam a qualidade de vida.

Art. 4º. O Agente de Combate às Endemias tem como atribuição o exercício de atividades de vigilância, prevenção e controle de doenças e promoção da saúde, desenvolvidas em conformidade com as diretrizes do SUS e sob supervisão do gestor de cada ente federado.

Art. 5º. O Ministério da Saúde disciplinará as atividades de prevenção de doenças, de promoção da saúde, de controle e de vigilância a que se referem os arts. 3º e 4º e estabelecerá os parâmetros dos cursos previstos nos incisos II do art. 6º e I do art. 7º, observadas as diretrizes curriculares nacionais definidas pelo Conselho Nacional de Educação.

Art. 6º. O Agente Comunitário de Saúde deverá preencher os seguintes requisitos para o exercício da atividade:

I - residir na área da comunidade em que atuar, desde a data da publicação do edital do processo seletivo público;

II - haver concluído, com aproveitamento, curso introdutório de formação inicial e continuada; e

III - haver concluído o ensino fundamental.

§1º Não se aplica a exigência a que se refere o inciso III aos que, na data de publicação desta Lei, estejam exercendo atividades próprias de Agente Comunitário de Saúde.

§2º Compete ao ente federativo responsável pela execução dos programas a definição da área geográfica a que se refere o inciso I, observados os parâmetros estabelecidos pelo Ministério da Saúde.

Art. 7º. O Agente de Combate às Endemias deverá preencher os seguintes requisitos para o exercício da atividade:

I - haver concluído, com aproveitamento, curso introdutório de formação inicial e continuada; e

II - haver concluído o ensino fundamental.

Parágrafo único. Não se aplica a exigência a que se refere o inciso II aos que, na data de publicação desta Lei, estejam exercendo atividades próprias de Agente de Combate às Endemias.

Art. 8º. Os Agentes Comunitários de Saúde e os Agentes de Combate às Endemias admitidos pelos gestores locais do SUS e pela Fundação Nacional de Saúde – FUNASA, na forma do disposto no §4º do art. 198 da Constituição, submetem-se ao regime jurídico estabelecido pela Consolidação das Leis do Trabalho – CLT, salvo se, no caso dos Estados, do Distrito Federal e dos Municípios, lei local dispuser de forma diversa.

Art. 9º. A contratação de Agentes Comunitários de Saúde e de Agentes de Combate às Endemias deverá ser precedida de processo seletivo público de provas ou de provas e títulos, de acordo com a natureza e a complexidade de suas atribuições e requisitos específicos para o exercício das atividades, que atenda aos princípios de legalidade, impessoalidade, moralidade, publicidade e eficiência.

Parágrafo único. Caberá aos órgãos ou entes da administração direta dos Estados, do Distrito Federal ou dos Municípios certificar, em cada caso, a existência de anterior processo de seleção pública, para efeito da dispensa referida no parágrafo único do art. 2º da Emenda Constitucional nº 51, de 14 de fevereiro de 2006, considerando-se como tal aquele que tenha sido realizado com observância dos princípios referidos no *caput*.

Art. 10. A administração pública somente poderá rescindir unilateralmente o contrato do Agente Comunitário de Saúde ou do Agente de Combate às Endemias, de acordo com o regime jurídico de trabalho adotado, na ocorrência de uma das seguintes hipóteses:

I - prática de falta grave, dentre as enumeradas no art. 482 da Consolidação das Leis do Trabalho – CLT;

II - acumulação ilegal de cargos, empregos ou funções públicas;

III - necessidade de redução de quadro de pessoal, por excesso de despesa, nos termos da Lei nº 9.801, de 14 de junho de 1999; ou

IV - insuficiência de desempenho, apurada em procedimento no qual se assegurem pelo menos um recurso hierárquico dotado de efeito suspensivo, que será apreciado em trinta dias, e o prévio conhecimento dos padrões mínimos exigidos para a continuidade da relação de emprego, obrigatoriamente estabelecidos de acordo com as peculiaridades das atividades exercidas.

Parágrafo único. No caso do Agente Comunitário de Saúde, o contrato também poderá ser rescindido unilateralmente na hipótese de não-atendimento ao disposto no inciso I do art. 6º, ou em função de apresentação de declaração falsa de residência.

Art. 11. Fica criado, no Quadro de Pessoal da Fundação Nacional de Saúde – FUNASA, Quadro Suplementar de Combate às Endemias, destinado a promover, no âmbito do SUS, ações complementares de vigilância epidemiológica e combate a endemias, nos termos do inciso VI e parágrafo único do art. 16 da Lei no 8.080, de 19 de setembro de 1990.

Parágrafo único. Ao Quadro Suplementar de que trata o *caput* aplica-se, no que couber, além do disposto nesta Lei, o disposto na Lei nº 9.962, de 22 de fevereiro de 2000, cumprindo-se jornada de trabalho de quarenta horas semanais.

Art. 12. Aos profissionais não-ocupantes de cargo efetivo em órgão ou entidade da administração pública federal que, em 14 de fevereiro de 2006, a qualquer título, se achavam no desempenho de atividades de combate a endemias no âmbito da FUNASA é assegurada a dispensa de se submeterem ao processo seletivo público a que se refere o §4o do art. 198 da Constituição, desde que tenham sido contratados a partir de anterior processo de seleção pública efetuado pela FUNASA, ou por outra instituição, sob a efetiva supervisão da FUNASA e mediante a observância dos princípios a que se refere o *caput* do art. 9º.

§1º Ato conjunto dos Ministros de Estado da Saúde e do Controle e da Transparência instituirá comissão com a finalidade de atestar a regularidade do processo seletivo para fins da dispensa prevista no *caput*.

§2º A comissão será integrada por três representantes da Secretaria Federal de Controle Interno da Controladoria-Geral da União, um dos quais a presidirá, pelo Assessor Especial de Controle Interno do Ministério da Saúde e pelo Chefe da Auditoria Interna da FUNASA.

Art. 13. Os Agentes de Combate às Endemias integrantes do Quadro Suplementar a que se refere o art. 11 poderão ser colocados à disposição dos Estados, do Distrito Federal e dos Municípios, no âmbito do SUS, mediante convênio, ou para gestão associada de serviços públicos, mediante contrato de consórcio público, nos termos da Lei nº 11.107, de 6 de abril de 2005, mantida a vinculação à FUNASA e sem prejuízo dos respectivos direitos e vantagens.

Art. 14. O gestor local do SUS responsável pela contratação dos profissionais de que trata esta Lei disporá sobre a criação dos cargos ou empregos públicos e demais aspectos inerentes à atividade, observadas as especificidades locais.

Art. 15. Ficam criados cinco mil, trezentos e sessenta e cinco empregos públicos de Agente de Combate às Endemias, no âmbito do Quadro Suplementar referido no art. 11, com retribuição mensal estabelecida na forma do Anexo desta Lei, cuja despesa não excederá o valor atualmente despendido pela FUNASA com a contratação desses profissionais.

§1º A FUNASA, em até trinta dias, promoverá o enquadramento do pessoal de que trata o art. 12 na tabela salarial constante do Anexo desta Lei, em classes e níveis com salários iguais aos pagos atualmente, sem aumento de despesa.

§2º Aplica-se aos ocupantes dos empregos referidos no *caput* a indenização de campo de que trata o art. 16 da Lei nº 8.216, de 13 de agosto de 1991.

§3º Caberá à Secretaria de Recursos Humanos do Ministério do Planejamento, Orçamento e Gestão disciplinar o desenvolvimento dos ocupantes dos empregos públicos referidos no *caput* na tabela salarial constante do Anexo desta Lei.

Art. 16. Fica vedada a contratação temporária ou terceirizada de Agentes Comunitários de Saúde e de Agentes de Combate às Endemias, salvo na hipótese de combate a surtos endêmicos, na forma da lei aplicável.

Art. 17. Os profissionais que, na data de publicação desta Lei, exerçam atividades próprias de Agente Comunitário de Saúde e Agente de Combate às Endemias, vinculados diretamente aos gestores locais do SUS ou a entidades de administração indireta, não investidos em cargo ou emprego público, e não alcançados pelo disposto no parágrafo único do art. 9º, poderão permanecer no exercício destas atividades, até que seja concluída a realização de processo seletivo público pelo ente federativo, com vistas ao cumprimento do disposto nesta Lei.

Art. 18. Os empregos públicos criados no âmbito da FUNASA, conforme disposto no art. 15 e preenchidos nos termos desta Lei, serão extintos, quando vagos.

Art. 19. As despesas decorrentes da criação dos empregos públicos a que se refere o art. 15 correrão à conta das dotações destinadas à FUNASA, consignadas no Orçamento Geral da União.

Art. 20. Esta Lei entra em vigor na data de sua publicação.

Art. 21. Fica revogada a Lei nº 10.507, de 10 de julho de 2002.

Brasília, 9 de junho de 2006; 185º da Independência e 118º da República.

LUIZ INÁCIO LULA DA SILVA
José Agenor Álvares da Silva
Paulo Bernardo Silva

ANEXO
(*Redação dada pela Lei nº 11.784, de 2008*)

Tabela Salarial dos Agentes de Combate às Endemias
Em R$

Classe	Nível	Salário - 40h			
		Efeitos financeiros a partir de			
		1º mar. 2008	1º fev. 2009	1º jul. 2010	1º jul. 2011
Especial	V	2.098,81	2.479,55	2.905,75	2.906,11
	IV	1.996,99	2.370,79	2.741,96	2.872,07
	III	1.944,19	2.313,96	2.673,09	2.839,22
	II	1.898,81	2.259,47	2.604,68	2.792,36
	I	1.889,67	2.248,83	2.584,57	2.759,97
C	V	1.844,21	2.197,02	2.521,00	2.727,76
	IV	1.842,12	2.147,28	2.459,62	2.696,73
	III	1.840,02	2.140,02	2.441,06	2.665,88
	II	1.837,93	2.136,93	2.428,91	2.635,21
	I	1.835,83	2.133,83	2.415,75	2.592,09
B	V	1.833,74	2.130,74	2.403,60	2.561,85
	IV	1.831,65	2.127,65	2.391,45	2.532,78
	III	1.829,56	2.124,56	2.380,30	2.503,88
	II	1.827,47	2.121,47	2.369,15	2.475,15
	I	1.825,38	2.118,38	2.358,00	2.446,58
A	V	1.823,29	2.115,29	2.345,85	2.407,10
	IV	1.821,20	2.112,20	2.334,70	2.379,94
	III	1.819,12	2.109,12	2.323,56	2.352,94
	II	1.817,03	2.106,03	2.312,41	2.326,10
	I	1.814,95	2.102,95	2.301,27	2.301,27

ANEXO C
Exposição de Motivos da Medida Provisória nº 297, de 09.06.06
– EM Interministerial nº 00018/MS/MP

Brasília, 7 de junho de 2006.

Excelentíssimo Senhor Presidente da República,

Temos a honra de submeter à consideração de Vossa Excelência proposta de Medida Provisória que "Regulamenta o §5º do art. 198 da Constituição Federal, dispõe sobre o aproveitamento de pessoal amparado pelo parágrafo único do art. 2º da Emenda Constitucional nº 51, de 14 de fevereiro de 2006, e dá outras providências".

Esta proposição, Senhor Presidente, atende preliminarmente ao mandamento contido no mencionado §5º do art. 198 da Constituição Federal, fruto da Emenda Constitucional nº 51, de 2006, o qual estabelece que "Lei federal disporá sobre o regime jurídico e a regulamentação das atividades de agente comunitário de saúde e agente de combate às endemias." Trata-se de Emenda à Constituição apresentada em março de 2003 na Câmara dos Deputados, tendo como primeiro signatário o Exmo. Sr. Deputado Maurício Rands, e aprovada naquela Casa em 1º de fevereiro do corrente, tendo como Relator o Exmo. Sr. Deputado Walter Pinheiro. A Emenda Constitucional foi aprovada em prazo recorde no Senado Federal, onde foi relatada pelo Exmo. Sr. Senador Rodolpho Tourinho, permitindo a sua promulgação apenas 14 dias depois de aprovada pela Câmara dos Deputados. O acordo construído em torno da Emenda, conduzido pelo Exmo. Sr. Deputado Walter Pinheiro na Câmara dos Deputados, reflete a sua relevância para os fins de dar aos Agentes Comunitários de Saúde e Agentes de Combate às Endemias tratamento, no âmbito do Sistema Único de Saúde, compatível com a perenidade das funções exercidas para a melhoria das condições de saúde do povo brasileiro.

Cuida-se de estabelecer na regulamentação proposta, em nível nacional e respeitada a autonomia dos entes federados, as regras gerais a serem observadas no exercício das atividades de Agente Comunitário de Saúde e de Agente de Combate às Endemias e na contratação desses profissionais pela União, pelos Estados, pelo Distrito Federal e pelos Municípios.

O exercício das atividades de Agente Comunitário de Saúde e de Agente de Combate às Endemias dar-se-á, nos termos da Medida Provisória proposta, exclusivamente no âmbito do Sistema Único de Saúde – SUS, na execução das atividades de responsabilidade da União, dos Estados, do Distrito Federal e dos Municípios, mediante vínculo direto entre os referidos Agentes e órgão ou entidade da administração direta, autárquica ou fundacional desses entes federados.

Ao definir que as atividades básicas a serem desenvolvidas pelos Agentes Comunitários de Saúde e pelos Agentes de Combate às Endemias compreendem a prevenção de doenças, promoção da saúde, controle e vigilância, a proposta de Medida Provisória estabelece competência ao Ministério da Saúde para disciplinar tais atividades, inclusive definindo o parâmetro e o conteúdo programático dos cursos previstos como um dos requisitos para o exercício dessas atividades.

Dadas as peculiaridades das atividades desenvolvidas pelos Agentes Comunitários de Saúde e pelos Agentes de Combate às Endemias, além da exigência de realização de curso de qualificação básica de formação, são propostos outros requisitos específicos, como por exemplo o da obrigatoriedade de residência na área da comunidade em que atuar desde a data da publicação do edital do processo seletivo público para o Agente Comunitário de Saúde.

Considerando o disposto no §5º do art. 198 da Constituição Federal, que atribui à Lei Federal competência para estabelecer o regime jurídico a ser observado na contratação dos Agentes Comunitários de Saúde e Agentes de Combate às Endemias, a proposta de

Medida Provisória, em seu art. 8º, define que tais profissionais submetem-se ao regime jurídico estabelecido pela Consolidação das Leis do Trabalho – CLT, salvo se, no caso dos Estados, do Distrito Federal e dos Municípios, lei local dispuser de forma diversa. Cumpre-se, dessa forma, a determinação constitucional que tem como propósito homogeneizar procedimentos em nível nacional, mas preserva-se a autonomia dos entes federados que, consideradas as suas especificidades, poderão dispor de forma diversa, por meio de lei local.

No que diz respeito à contratação de Agentes Comunitários de Saúde e a de Agentes de Combate às Endemias por parte dos entes federados, propõe-se a observância de procedimentos que tenham como pressuposto a realização de processo seletivo público de provas ou de provas e títulos, de acordo com a natureza e complexidade de suas atribuições e requisitos específicos para sua atuação. Esse processo seletivo público deverá atender sempre aos princípios de legalidade, impessoalidade, moralidade, publicidade e eficiência.

Para efeito da dispensa de realização de processo seletivo público com a finalidade de aproveitamento dos profissionais que desempenhavam atividades de Agentes Comunitários de Saúde ou de Agentes de Combate às Endemias, conforme disposto no parágrafo único do art. 2º da Emenda Constitucional nº 51, de 2006, os órgãos ou entes da administração direta dos entes federados deverão considerar como processo de Seleção Pública aquele que tenha sido realizado com observância dos princípios de legalidade, impessoalidade, moralidade, publicidade e eficiência.

A Medida Provisória proposta cria, no Quadro de Pessoal da Fundação Nacional de Saúde – FUNASA, Quadro Suplementar de Combate a Endemias, destinado a promover, no âmbito do Sistema Único de Saúde – SUS, ações complementares de vigilância epidemiológica e combate a endemias, nos termos do inciso VI e parágrafo único do art. 16 da Lei nº 8.080, de 19 de setembro de 1990. Nos termos propostos, são criados 5.365 (cinco mil, trezentos e sessenta e cinco) empregos públicos de Agentes de Combate a Endemias no âmbito da FUNASA, com retribuição mensal variando de R$687,22 (seiscentos e oitenta e sete reais e vinte e dois centavos) a R$1.180,99 (um mil, cento e oitenta reais e noventa e nove centavos), conforme quadro anexo à Medida Provisória.

Estabelece-se, para aqueles profissionais não ocupantes de cargo efetivo em órgão ou entidade da Administração Pública Federal que, em 14 de fevereiro de 2005, achavam-se, a qualquer título, no desempenho de atividades de combate a endemias no âmbito da FUNASA, a garantia da dispensa de se submeterem ao processo seletivo público a que se refere o §4º do art. 198 da Constituição Federal, conforme faculta o parágrafo único do art. 2º da Emenda Constitucional nº 51, de 2006. Essa providência, Senhor Presidente, permite que se equacione, de forma segura e definitiva, a situação daqueles profissionais que exercem suas atividades no âmbito da FUNASA desde 1994 e que haviam sido demitidos em 1999 e posteriormente reintegrados com base no art. 23 da Lei nº 10.667, de 2003.

A Medida Provisória proposta disciplina, ainda, as hipóteses de rescisão unilateral do contrato por parte do ente federado contratante, estabelece competência para que o gestor local do Sistema Único de Saúde responsável pela contratação dos profissionais disponha sobre a criação dos cargos ou empregos públicos, a jornada de trabalho, a retribuição e demais aspectos inerentes à função, observadas as especificidades locais, veda a contratação temporária ou terceirizada de Agentes Comunitários de Saúde e de Agentes de Combate às Endemias, salvo na hipótese de combate a surtos endêmicos, na forma da Lei aplicável, e define a situação dos profissionais que na data de publicação da Lei exerçam atividades próprias de Agente Comunitário de Saúde e de Agente de Combate às Endemias, vinculados diretamente aos gestores locais do Sistema Único de Saúde ou a entidades da administração indireta, não investidos em cargo ou emprego público, e não alcançados pelo disposto no parágrafo único do art. 2º da Emenda Constitucional nº 51, de 2006.

A Medida Provisória que ora submetemos à consideração de Vossa Excelência é a etapa final de um processo que teve origem na iniciativa parlamentar que buscou alterar a Constituição Federal com vistas a equacionar problema antigo que se coloca para o Governo Federal e para os demais parceiros gestores do Sistema Único de Saúde, qual seja o da falta de regramento constitucional e legal adequado às especificidades das atividades desenvolvidas pelos Agentes Comunitários de Saúde e pelos Agentes de Combate às Endemias. A aprovação da Emenda Constitucional nº 51, de 2006, representou um necessário e efetivo passo nessa direção. Não foi, no entanto, providência suficiente, uma vez que remeteu para a Lei Federal a competência para dispor sobre as atividades e o regime jurídico dos profissionais de que se ocupou.

Sem que a Lei Federal disponha sobre as atividades e sobre o regime jurídico dos Agentes Comunitários de Saúde e dos Agentes de Combate às Endemias ficam os gestores locais impedidos de regularizar a situação dos vínculos trabalhistas desses profissionais, considerados, em muitos casos, reconhecidamente precários, o que tem suscitado a promoção de ações civis públicas contra os entes federados por parte do Ministério Público. Justifica-se, assim, a edição de Medida Provisória para tratar da matéria, dada a urgência e a relevância de que se reveste.

Finalmente, quanto ao disposto nos arts. 16 e 17 da Lei Complementar nº 101, de 4 de maio de 2000, vale ressaltar que as medidas propostas não importarão em acréscimo orçamentário, posto que em relação à regulamentação do §5º do art. 198 da Constituição Federal, trata-se de providência meramente regulatória, e quanto ao aproveitamento dos Agentes de Combate às Endemias, no âmbito da FUNASA, conforme mencionado anteriormente, se dará sem aumento de despesa.

São essas, Senhor Presidente, as razões pelas quais submetemos à apreciação de Vossa Excelência a anexa proposta de Medida Provisória, a qual constitui iniciativa que consideramos necessária para a consecução dos objetivos pretendidos com a promulgação da Emenda Constitucional nº 51, de 2006.

Respeitosamente,

Jose Agenor Alvares da Silva,
Paulo Bernardo Silva

ANEXO D

Lei nº 10.507, de 10 de julho de 2002 (*revogada totalmente pela Lei Federal nº 11.350, de 05.10.06*)

Cria a Profissão de Agente Comunitário de Saúde e dá outras providências.

O PRESIDENTE DA REPÚBLICA Faço saber que o Congresso Nacional decreta e eu sanciono a seguinte Lei:

Art. 1º. Fica criada a profissão de Agente Comunitário de Saúde, nos termos desta Lei.

Parágrafo único. O exercício da profissão de Agente Comunitário de Saúde dar-se-á exclusivamente no âmbito do Sistema Único de Saúde – SUS.

Art. 2º. A profissão de Agente Comunitário de Saúde caracteriza-se pelo exercício de atividade de prevenção de doenças e promoção da saúde, mediante ações domiciliares ou comunitárias, individuais ou coletivas, desenvolvidas em conformidade com as diretrizes do SUS e sob supervisão do gestor local deste.

Art. 3º. O Agente Comunitário de Saúde deverá preencher os seguintes requisitos para o exercício da profissão:

I - residir na área da comunidade em que atuar;

II - haver concluído com aproveitamento curso de qualificação básica para a formação de Agente Comunitário de Saúde;

III - haver concluído o ensino fundamental.

§1º Os que na data de publicação desta Lei exerçam atividades próprias de Agente Comunitário de Saúde, na forma do art. 2º, ficam dispensados do requisito a que se refere o inciso III deste artigo, sem prejuízo do disposto no §2º.

§2º Caberá ao Ministério da Saúde estabelecer o conteúdo programático do curso de que trata o inciso II deste artigo, bem como dos módulos necessários à adaptação da formação curricular dos Agentes mencionados no §1º.

Art. 4º. O Agente Comunitário de Saúde prestará os seus serviços ao gestor local do SUS, mediante vínculo direto ou indireto.

Parágrafo único. Caberá ao Ministério da Saúde a regulamentação dos serviços de que trata o *caput*.

Art. 5º. O disposto nesta Lei não se aplica ao trabalho voluntário.

Art. 6º. Esta Lei entra em vigor na data de sua publicação.

Brasília, 10 de julho de 2002; 181º da Independência e 114º da República.

FERNANDO HENRIQUE CARDOSO
Barjas Negri
Paulo Jobim Filho
Guilherme Gomes Dias

ANEXO E
Projeto de Lei nº 7.495/06, do Senado Federal

Regulamenta os §§4º e 5º do art. 198 da Constituição, dispõe sobre o aproveitamento de pessoal amparado pelo parágrafo único do art. 2º da Emenda Constitucional nº 51, de 14 de fevereiro de 2006, e dá outras providências.

O Congresso Nacional decreta:

Art. 1º. As atividades de Agente Comunitário de Saúde e de Agente de Combate às Endemias passam a reger-se pelo disposto nesta Lei.

Art. 2º. O exercício das atividades de Agente Comunitário de Saúde e de Agente de Combate às Endemias, nos termos desta Lei, dar-se-á exclusivamente no âmbito do Sistema Único de Saúde – SUS, na execução das atividades de responsabilidade dos entes federados, mediante vínculo direto entre os referidos Agentes e órgão ou entidade da administração direta, autárquica ou fundacional, salvo o disposto no §1º do art. 199 da Constituição Federal.

§1º Os Agentes Comunitários de Saúde e os Agentes de Combate às Endemias são amparados pela legislação que trata do exercício de atividades em ambientes insalubres.

§2º As atividades de Agente Comunitário de Saúde e de Agente de Combate às Endemias são consideradas de relevante interesse público.

Art. 3º. O Agente Comunitário de Saúde tem como atribuição o exercício de atividades de prevenção de doenças e promoção da saúde, mediante ações domiciliares ou comunitárias, individuais ou coletivas, desenvolvidas em conformidade com as diretrizes do SUS e sob supervisão do gestor municipal, distrital, estadual ou federal.

Parágrafo único. São consideradas atividades do Agente Comunitário de Saúde, na sua área de atuação:

I - a utilização de instrumentos para diagnóstico demográfico e sócio-cultural da comunidade;

II - a promoção de ações de educação para a saúde individual e coletiva;

III - o registro, para fins exclusivos de controle e planejamento das ações de saúde, de nascimentos, óbitos, doenças e outros agravos à saúde;

IV - o estímulo à participação da comunidade nas políticas públicas voltadas para a área de saúde;

V - a realização de visitas domiciliares periódicas para monitoramento de situações de risco à família; e

VI - a participação em ações que fortaleçam os elos entre o setor saúde e outras políticas que promovam a qualidade de vida.

Art. 4º. O Agente de Combate às Endemias tem como atribuição o exercício de atividades de vigilância, prevenção e controle de doenças endêmicas e infecto-contagiosas e promoção da saúde, mediante ações de vigilância de endemias e seus vetores, inclusive, se for o caso, fazendo uso de substâncias químicas, abrangendo atividades de execução de programas de saúde, desenvolvidas em conformidade com as diretrizes do SUS e sob supervisão do gestor de cada ente federado.

Art. 5º. O Ministério da Saúde disciplinará as atividades de prevenção de doenças, de promoção da saúde, de controle e de vigilância a que se referem os arts. 3º e 4º e estabelecerá os parâmetros do curso previsto no inciso II do art. 6º, observadas as diretrizes curriculares nacionais definidas pelo Conselho Nacional de Educação.

Art. 6º. O Agente Comunitário de Saúde e o Agente de Combate às Endemias deverão preencher os seguintes requisitos para o exercício da atividade:

I - residir na área da comunidade em que atuar, desde a data da publicação do edital do processo seletivo público;

II - haver concluído, com aproveitamento, curso introdutório de formação inicial e continuada; e

III - haver concluído o ensino fundamental.

§1º Não se aplicam as exigências a que se referem os incisos II e III aos que, em 12 de junho de 2006, estivessem exercendo atividades próprias de Agente Comunitário de Saúde e de Agente de Combate às Endemias.

§2º Compete ao ente federativo responsável pela execução dos programas a definição da área geográfica a que se refere o inciso I, observados os parâmetros estabelecidos pelo Ministério da Saúde.

§3º As despesas decorrentes das ações de formação de que trata o inciso II serão financiadas com recursos do Fundo Nacional de Saúde, transferidas diretamente para os Fundos de Saúde estaduais, municipais e do Distrito Federal.

Art. 7º. Os Agentes Comunitários de Saúde e os Agentes de Combate às Endemias, admitidos pelos gestores do SUS e pela Fundação Nacional de Saúde – FUNASA, na forma do disposto no §4º do art. 198 da Constituição, submetem-se ao regime jurídico aplicado aos servidores da área de saúde do respectivo ente federativo, observado o disposto nesta Lei.

Art. 8º. A admissão de Agentes Comunitários de Saúde e de Agentes de Combate às Endemias deverá ser precedida de processo seletivo público de provas ou de provas, entrevistas e títulos, restritos esses a atividades de liderança comunitária na área em que irá atuar e a experiência profissional em funções similares, de acordo com a natureza e a complexidade de suas atribuições e requisitos específicos para o exercício das atividades, que atenda aos princípios de legalidade, impessoalidade, moralidade, publicidade e eficiência.

§1º Será assegurada a participação do conselho de saúde do respectivo ente em todas as fases do processo seletivo de que trata este artigo.

§2º Caberá aos órgãos ou entes da administração direta dos Estados, do Distrito Federal ou dos Municípios certificar, em cada caso, a existência de anterior processo de seleção pública, para efeito da dispensa referida no parágrafo único do art. 2º da Emenda Constitucional nº 51, de 14 de fevereiro de 2006, considerando-se como tal aquele que tenha sido realizado com observância dos princípios referidos no "caput" deste artigo.

Art. 9º. Além das hipóteses previstas no §1º do art. 41 e no §4º do art. 169 da Constituição, o servidor de que trata esta Lei poderá perder o cargo no caso de descumprimento do requisito estabelecido no inciso I do "caput" do art. 6º.

Art. 10. Fica criado, no Quadro de Pessoal da Fundação Nacional de Saúde – FUNASA, Quadro Suplementar de Combate às Endemias, destinado a promover, no âmbito do SUS, ações complementares de vigilância epidemiológica e combate a endemias, nos termos do inciso VI e parágrafo único do art. 16 da Lei nº 8.080, de 19 de setembro de 1990.

Parágrafo único. Ao Quadro Suplementar de que trata o "caput" aplica-se, no que couber, além do disposto na Medida Provisória nº 297, de 2006, o disposto na Lei nº 9.962, de 22 de fevereiro de 2000, cumprindo-se jornada de trabalho de 40 (quarenta) horas semanais.

Art. 11. Aos profissionais que, na data de promulgação da Emenda Constitucional nº 51, de 2006, e a qualquer título, se achavam no desempenho de atividades de Agente Comunitário de Saúde ou de Agente de Combate às Endemias, definidas por esta Lei, é assegurada a dispensa de se submeter ao processo seletivo público a que se refere o art. 8º, desde que tenham sido admitidos a partir de anterior processo de seleção pública efetuado por órgãos ou entes da administração direta ou indireta de Estado, Distrito Federal ou Município ou por outras instituições com a efetiva supervisão e autorização da administração direta dos entes da federação.

§1º No caso da admissão no quadro de pessoal de que trata o art. 10, ato conjunto dos Ministros de Estado da Saúde e do Controle e da Transparência instituirá comissão com a finalidade de atestar a regularidade do processo seletivo para fins da dispensa prevista no "caput" deste artigo.

§2º A comissão referida no §1º será integrada por 3 (três) representantes da Secretaria Federal de Controle Interno da Controladoria-Geral da União, um dos quais a presidirá, pelo Assessor Especial de Controle Interno do Ministério da Saúde e pelo Chefe da Auditoria Interna da FUNASA.

Art. 12. O gestor local do SUS responsável pela contratação dos profissionais de que trata a Medida Provisória nº 297, de 2006, disporá sobre a criação dos cargos ou empregos públicos e demais aspectos inerentes à atividade, observadas as especificidades locais.

Art. 13. Ficam criados 5.365 (cinco mil, trezentos e sessenta e cinco) empregos públicos de Agente de Combate às Endemias, no âmbito do Quadro Suplementar referido no art. 10, com retribuição mensal estabelecida na forma do Anexo desta Lei, cuja despesa não excederá o valor atualmente despendido pela FUNASA com a contratação desses profissionais.

§1º A FUNASA, em até 30 (trinta) dias, promoverá o enquadramento do pessoal de que trata o §1º do art. 11 na tabela salarial constante do Anexo desta Lei, em classes e níveis com salários iguais aos pagos atualmente, sem aumento de despesa.

§2º Aplica-se aos ocupantes dos empregos referidos no "caput" a indenização de campo de que trata o art. 16 da Lei nº 8.216, de 13 de agosto de 1991.

§3º Caberá à Secretaria de Recursos Humanos do Ministério do Planejamento, Orçamento e Gestão disciplinar o desenvolvimento dos ocupantes dos empregos públicos referidos no "caput" na tabela salarial constante do Anexo desta Lei.

Art. 14. Fica vedada a contratação temporária ou terceirizada de Agentes Comunitários de Saúde e de Agentes de Combate às Endemias, salvo na hipótese de combate a epidemias, na forma da lei aplicável.

Art. 15. Os profissionais que, em 12 de junho de 2006, exerciam atividades próprias de Agente Comunitário de Saúde e Agente de Combate às Endemias, vinculados diretamente aos gestores locais do SUS ou a entidades de administração indireta, não investidos em cargo ou emprego público, e não alcançados pelo disposto no §2º do art. 8º, poderão permanecer no exercício dessas atividades, até que seja concluída a realização de processo seletivo público pelo ente federativo, com vistas ao cumprimento do disposto na Medida Provisória nº 297, de 2006.

Art. 16. Os empregos públicos criados no âmbito da FUNASA, conforme disposto no art. 13 e preenchidos nos termos desta Lei, serão extintos, quando vagos.

Art. 17. As despesas decorrentes da criação dos empregos públicos a que se refere o art. 13 correrão à conta das dotações destinadas à FUNASA, consignadas no Orçamento Geral da União.

Art. 18. Com vistas ao cumprimento do disposto no "caput" e no §1º do art. 198 da Constituição, os Fundos Estaduais de Saúde repassarão aos Fundos Municipais de Saúde recursos equivalentes a, no mínimo, 30% (trinta por cento) das despesas com a remuneração dos Agentes Comunitários de Saúde e dos Agentes de Combate às Endemias admitidos pelo respectivo Município na forma desta Lei.

Parágrafo único. É vedada a utilização dos recursos repassados na forma deste artigo para fins diversos da remuneração de Agentes Comunitários de Saúde e de Agentes de Combate às Endemias.

Art. 19. Esta Lei entra em vigor na data de sua publicação.

Art. 20. Revoga-se a Lei nº 10.507, de 10 de julho de 2002.

Senado Federal, em de outubro de 2006.

Senador Tião Viana Primeiro Vice-Presidente, no exercício da Presidência

ANEXO
(Lei nº __, de __ de __ de __)

Classe	Agente de Combate às Endemias	
	Nível	Salário - 40hs
D	20	1.180,99
	19	1.152,18
	18	1.124,08
	17	1.096,67
	16	1.069,92
C	15	1.018,97
	14	994,12
	13	969,87
	12	946,21
	11	923,14
B	10	879,18
	9	857,73
	8	836,81
	7	816,40
	6	796,49
A	5	758,56
	4	740,06
	3	722,01
	2	704,40
	1	687,22

ANEXO F
Projeto de Lei nº 298/07, da Câmara dos Deputados

Projeto de Lei nº __, de 2007 (do Sr. Fernando de Fabinho)

Dispõe sobre o regime jurídico e a regulamentação das atividades de Agente Comunitário de Saúde e Agente de Combate às Endemias, na forma do §5º do art. 198 da Constituição Federal.

O Congresso Nacional decreta:

Art. 1º. Esta Lei dispõe sobre o regime jurídico e a regulamentação das atividades de Agente Comunitário de Saúde e Agente de Combate às Endemias, na forma do §5º do art. 198 da Constituição Federal.

Parágrafo único. A partir da promulgação da Emenda Constitucional nº 51, de 2006, e ressalvado o disposto no art. 7º, os Agentes Comunitários de Saúde e os Agentes de Combate às Endemias somente poderão ser admitidos diretamente pelos Estados, pelo Distrito Federal ou pelos Municípios na forma do disposto nesta Lei, observado o limite de gasto estabelecido na Lei Complementar nº 101, de 4 de maio de 2000.

Art. 2º. Submetem-se os Agentes Comunitários de Saúde e os Agentes de Combate às Endemias admitidos pelos gestores locais do Sistema Único de Saúde (SUS) na forma do disposto no §4º do art. 198 da Constituição Federal ao regime jurídico aplicado aos servidores da área de saúde do respectivo ente, observado o disposto nesta Lei.

Parágrafo único. Os Agentes Comunitários de Saúde e os Agentes de Combate às Endemias admitidos na forma do caput exercerão as suas atividades exclusivamente no âmbito do SUS.

Art. 3º. Compete ao Agente Comunitário de Saúde o exercício de atividade de prevenção de doenças e promoção da saúde, mediante ações domiciliares ou comunitárias, individuais ou coletivas, desenvolvidas em conformidade com as diretrizes do SUS e sob supervisão do gestor local deste.

Parágrafo único. São consideradas atividades do Agente Comunitário de Saúde, na sua área de atuação:

I - a utilização de instrumentos para diagnóstico demográfico e sócio-cultural da comunidade de sua atuação;

II - a execução de atividades de educação para a saúde individual e coletiva;

III - o registro, para controle das ações de saúde, de nascimentos, óbitos, doenças e outros agravos à saúde;

IV - o estímulo à participação da comunidade nas políticas públicas como estratégia da conquista de qualidade de vida;

V - a realização de visitas domiciliares periódicas para monitoramento de situações de risco à família;

VI - a participação em ações que fortaleçam os elos entre o setor saúde e outras políticas públicas que promovam a qualidade de vida.

Art. 4º. Compete ao Agente de Combate às Endemias o exercício de atividade de prevenção de doenças e promoção da saúde, mediante ações de controle de endemias e seus vetores, abrangendo atividades de execução de programas de saúde desenvolvidas em conformidade com as diretrizes do SUS e sob supervisão do gestor local deste.

Art. 5º. Os Agentes Comunitários de Saúde e os Agentes de Combate às Endemias serão admitidos mediante processo seletivo público de acordo com a natureza e complexidade de suas atribuições, observados os princípios da impessoalidade e da publicidade e os seguintes requisitos:

I - residência na área da comunidade em que atuarem;

II - conclusão com aproveitamento de curso de qualificação básica;

III - conclusão do ensino fundamental.

§1º O conteúdo programático do curso de que trata o inciso II do caput será estabelecido em regulamento.

§2º O processo seletivo de que trata este artigo poderá incluir provas, entrevista e títulos, restritos esses a atividades de liderança comunitária na área em que irá atuar e a experiência profissional em funções similares.

§3º Será assegurada a participação do conselho de saúde do respectivo ente em todas as fases do processo seletivo de que trata esse artigo.

Art. 6º. Além das hipóteses previstas no §1º do art. 41 e no §4º do art. 169 da Constituição Federal, o servidor de que trata esta Lei poderá perder o cargo no caso de descumprimento do requisito estabelecido no inciso I do caput do art. 5º.

Art. 7º. Os profissionais que, na data de promulgação da Emenda Constitucional nº 51, de 2006, e a qualquer título, estivessem desempenhando as atividades de Agente Comunitário de Saúde ou de Agente de Combate às Endemias, definidas por esta Lei, ficam dispensados de se submeter ao processo seletivo público a que se refere o art. 5º, desde que tenham sido admitidos a partir de anterior processo de seleção pública efetuado por órgãos ou entes da administração direta ou indireta de Estado, Distrito Federal ou Município ou por outras instituições com a efetiva supervisão e autorização da administração direta dos entes da federação.

Parágrafo único. Os profissionais de que trata o caput ficam dispensados dos requisitos a que se referem os incisos II e III do caput do art. 5º, aplicando-se-lhes o disposto no inciso I do mesmo dispositivo.

Art. 8º. Esta Lei entra em vigor na data de sua publicação.

Justificação

A Emenda Constitucional nº 51, de 2006, que tive a honra de relatar no Senado Federal, representou uma conquista fundamental não apenas dos agentes comunitários de saúde e dos agentes de combate às endemias como de toda a cidadania.

O diploma legal permite solucionar o problema da admissão desses profissionais no serviço público em bases que preservam os princípios da Administração Pública e as peculiaridades de suas atividades.

Conforme registrei no meu parecer à época, o surgimento desses agentes se insere em um processo de reorganização da prática assistencial em saúde em novas bases e critérios, com a substituição do modelo tradicional de assistência à saúde — orientado para a cura da doença e para o atendimento hospitalar — por outro, que tem a família como locus privilegiado de atuação, enfatizando-se a articulação da equipe de saúde com a comunidade em que atua.

Nesse tipo de atividade se dá ênfase a práticas não convencionais de atenção, atribuindo-se grande peso à promoção da saúde, à prevenção de doenças como forma de reorganização e antecipação da demanda, à atenção não-médica e à educação em saúde, e reafirmam-se os princípios organizadores do Sistema Único de Saúde (SUS) (integralidade, hierarquização, referência e contra-referência) e regionalização (territorialização e delimitação de uma população-alvo).

Atualmente, encontram-se em atuação mais de 200.000 agentes comunitários de saúde, distribuídos em cerca de 22.000 equipes. Cada uma delas atende, em média, a 3.500 pessoas de uma comunidade. Só no Estado da Bahia, são, segundo dados do Ministério da Saúde, 23.555 agentes distribuídos em 1.888 equipes.

Esses agentes desempenham um papel fundamental, no qual se destaca o acompanhamento domiciliar das condições de saúde das famílias, em uma abordagem que considera o contexto comunitário e a realidade regional.

São homens e mulheres que, apesar de receberem remuneração extremamente reduzida, algumas vezes, mesmo, inferior a um salário mínimo, exercem, como verdadeiros idealistas, atividades imprescindíveis à população, especialmente àqueles de baixa renda e aos habitantes das comunidades mais pobres e distantes, nas quais a aceitação desses agentes é excelente.

Repetidas vezes, os formuladores das políticas de saúde no País reconheceram que esses trabalhadores constituem a pedra angular da transformação desejada no modelo de atenção à saúde, em especial na reorganização da atenção básica.

Os agentes comunitários têm um papel estratégico, por viverem na área em que atuam, terem identidade com a população e partilharem cultura, linguagem, problemas e interesses, o que favorece a integração da equipe e dos serviços de saúde com a comunidade e viabiliza as parcerias necessárias.

Escolhidos junto à comunidade em que vão atuar e conhecedores dos problemas específicos que a acometem, esses agentes atuam como elo de transmissão entre os profissionais de saúde e a população assistida, de modo a facilitar o rápido acesso ao atendimento e, também, a resolutividade das ações de saúde implementadas.

A Emenda Constitucional nº 51, de 2006, entretanto, apesar de dar a base para o equacionamento da questão envolvendo a admissão dos agentes comunitários de saúde e os agentes de combate às endemias, não é suficiente para tal, uma vez que exige regulamentação, mediante lei da União, com normas gerais sobre a matéria.

Para suprir essa lacuna e permitir que a questão seja resolvida no menor prazo possível, estamos apresentando a presente proposição, que dispõe sobre o regime jurídico e a regulamentação das atividades de agente comunitário de saúde e agente de combate às endemias, na forma do §5º do art. 198 da Constituição Federal.

O projeto busca homenagear o princípio da autonomia dos entes federados, prevendo que se submetem os agentes comunitários de saúde e os agentes de Combate às endemias ao regime jurídico aplicado aos servidores da área de saúde do respectivo ente, observadas as normas específicas das categorias.

Além disso, estabelece a proposição as atribuições das duas categorias e disciplina o respectivo processo seletivo.

Assim, os agentes comunitários de saúde e os agentes de Combate às endemias serão admitidos mediante processo seletivo público de acordo com a natureza e complexidade de suas atribuições, observados os princípios da impessoalidade e da publicidade, exigindo-se deles residência na área da comunidade em que atuarem, conclusão com aproveitamento de curso de qualificação básica e conclusão do ensino fundamental.

O processo seletivo de que trata este artigo poderá incluir provas, entrevista e títulos, restritos esses a atividades de liderança comunitária na área em que irá atuar e a experiência profissional em funções similares, sendo assegurada a participação do conselho de saúde do respectivo ente em todas as suas fases.

Essa regulamentação do processo seletivo, registre-se, tem inspiração na bem sucedida experiência da Secretaria de Estado da Saúde da Bahia na questão.

Ainda de acordo com o disposto na Emenda Constitucional nº 51, de 2006, prevê-se que os profissionais que, na data de promulgação daquele diploma legal, e a qualquer título, estivessem desempenhando as atividades de agente comunitário de saúde ou de agente de combate às endemias ficam dispensados de se submeterem ao processo seletivo público acima referido, desde que tenham sido admitidos a partir de anterior processo de seleção pública efetuado por órgãos ou entes da administração direta ou indireta de Estado, Distrito Federal ou Município ou por outras instituições com a efetiva supervisão e autorização da administração direta dos entes da federação.

Temos a certeza de que, com essa regulamentação, estaremos garantindo definitivamente a formalização da relação desses profissionais com o serviço público da forma mais correta e adequada possível.

Sala das Sessões, em ___ de ___ de 2007.

Deputado FERNANDO DE FABINHO.

Índice

A
Acordão n° 1.146/2003 38
Ações e serviços de saúde
- Relevância pública 20
Agente comunitário de saúde 36
- Contratação pelo
  Poder Público 12, 14-15,19

C
Constituição Federal
- Artigo 6° 25
- Artigo 196 ..... 20, 25
- Artigo 197 20
- Artigo 198 22
- - § 4° 50
- - Parágrafos 4°, 5° e 6° 13
- Artigo 199 21

D
Decreto Federal n° 3.189,
04 de outubro de 1999 35
- Artigo 4° 35

E
Emenda Constitucional n° 51,
de 14 de fevereiro de 2006 11
- Artigo 2° 14-15, 69

I
Interpretação gramatical 12
Interpretação sistemática 16
- Aspectos 17
Interpretação teológica 23

L
Lei Federal n° 8.080, de 19 de
  setembro de 1990 28
- Artigo 4° 28
- Artigo 18 29
- Artigo 24 29

Lei Federal n° 11.350/06,
de 5 de outubro de 2006 ..... 52, 71-73
- Artigo 2° 41, 52
- Artigo 16 52
- Histórico legislativo 34
Lei n° 10.507, de 10 de julho
  de 2002 79

M
Medida Provisória n° 297,
  de 09.06.06
- Exposição de motivos 75-77

N
Norma Operacional Básica do
  SUS (NOB/SUS)
- Finalidade 29
- Item 4 29

P
Portaria n° 3.277 – GM/MS
- Artigo 2° 30
- Artigo 4° 31
Princípio da unidade da
  Constituição 17
Programa de Agentes
  Comunitários de Saúde (PACS) 9
Programa Saúde da Família
  (PSF) 9
Projeto de Lei n° 298/07 ..... 59, 85-87
- Artigo 1° 59
- Artigo 2° 60
Projeto de Lei n° 7.495/06 ..... 57, 81-83
- Artigo 2° 58
- Artigo 14 58

S
Sistema Único de Saúde (SUS)
- Participação de entidades
  privadas 21, 29, 41

Esta obra foi composta em fonte Garnet, corpo 11,5
e impressa em papel Offset 75g (miolo) e Supremo 250g
(capa) pela Gráfica e Editora O Lutador.
Belo Horizonte/MG, março de 2009.